住宅＋エクステリア
＆ガーデンの
色とデザイン

家と庭をトータルにコーディネート

松下　高弘

＋ エムデザインファクトリー

はじめに

エクステリア業界の仕事を始めて30余年が経ちました。始めたころは専門学校の講師の傍ら、某エクステリアメーカー主催の、オートCADから出力した図面やパースに、マーカーで着色する講座やカラーコーディネートセミナーの講師を行う環境に恵まれました。その当時の図面やパースは線画でしか出力できず、カラー出力はなかったのです。その後、平成5年から空前のイングリッシュガーデンが大流行したことで、エクステリアメーカーの商品開発、ハウスメーカーのエクステリアの企画やマニュアル制作を始めました。

今まで建築・エクステリア業界に向けて、企業や学校教育を通し、仕事でセンスが左右するカラーコーディネートを、分かりやすく伝えていきたいと思っていました。実は2007年に本書の出版社グリーン情報から「エクステリアの色とデザイン」を出版させていただき、15年が経ちました。ここ3年間にわたり、エクステリアのライターを経験したことから、デザインとカラーコーディネートを集大成して「エクステリアの色とデザイン・改訂版」としてまとめることができました。

セミナー終了後、色については「どこから手を付けてよいか分からない！」「カラーコーディネートはしてみたものの、クライアントに、どのように説明したらいいものか？」という質問が多かったのです。そこで、ほとんどのページには図やイラストを載せ、絵本のように分かりやすくしました。色で悩む初心者の方には必見のテキストです。

本書ではカラーコーディネートをしやすくするために、エクステリアで使える「イメージキーワード」をつくりました。これは、ちまたによく聞く「ナチュラル」や「モダン」などの用語です。これを生活でよく使う「落ち着いた」「楽しい」「なじみのある」「爽やかな」などの形容詞に置き変え、カラーチャートというカラー組み合わせ例もつくりました。また、イメージキーワード別にファサードをデザインしたカラーコーディネート例も載せています。

エクステリアのみでなく「住宅+エクステリアをトータルにコーディネート」するために、住宅デザイン様式とエクステリア&ガーデンのコーディネートも掲載し、イラスト図面やパースを並べて分かりやすく解説しています。

視点を変えた内容としては「狭い庭を広く感じることができるテクニック」です。遠近法をうまく応用したアイデアを入れました。私はもともとハウスメーカーの注文住宅や分譲住宅のパースを描いていたので、分かりにくい文章にはイラストやパースを入れています。絵本のように楽しんで読んでいただけると思います。

最後のページでは「庭のエピソード」や「色の性格診断」を載せています。前者は庭にまつわるお話で、後者は色で分かる人の性格です。意外と、よく当たっていてビックリします。どちらもクライアントとのトークなどに役に立つのではないかと思います。

是非、楽しんでご愛読いただき、仕事のお助け本としてお役に立てれば幸いです。

2022年 5月　松下 高弘

もくじ

Section 1

色に触れる

1 日本人は色に敏感

皆さんは朝起きてから外出し、帰宅するまでの間に、どれだけの自然を眺めていますか?

例えば、会社勤めの方は、朝晩の通勤で満員電車に揺られ、会社でハードな仕事をこなしている毎日の中で「そんな時間はないよ！」と思われるかもしれません。しかしながら、自宅から最寄り駅までのハナミズキの街路樹や足元のリュウキュウツツジの歩道を通う時間、サクラの咲く公園での昼食時間など、樹木の緑や花を眺める機会はたくさんあると思います。

ウメやモモの花が咲く新春から、サクラの咲く春。太陽がギラギラする真っ青な空の夏。カツラの黄葉やイロハモミジの紅葉がきれいな秋。そして、外一面をクリアに覆う真っ白な積雪の冬。

このように、日本には四季があり、たくさんの色彩に出会えます。このことから、日本人は色に敏感といわれています。皆さんは、四季を通じてたくさんの色に触れているのです。

さぁ〜！　これから外出時は意識していろいろな自然に触れ、楽しく色彩を感じてみてはいかがでしょうか?

ただ自然を眺めているだけでも色に敏感になり、興味を持ち、色彩感覚を磨くきっかけになりますよ。

季節とイメージカラー

季節	キーワード	イメージカラー
春	若葉、新芽、花見	黄緑、ピンク
夏	海、プール	青
秋	紅葉、黄葉	赤、橙、黄
冬	雪、スキー	白

日本は四季により
いろいろな色を見て楽しむことができる

2 色に興味を持つ方法

小学生の頃、季節の行事をテーマに、あるいは写生大会で、サクラカラーやギターペイントの透明水彩絵の具で絵を描いた経験のある方は多いと思います。

その皆さんの中で、「絵はヘタだから嫌い！」という方がいるかもしれません。ところが、上手、下手に関わらず、絵を描くことが嫌いな人は少ないでしょう。なぜなら絵は、無心に、楽しく描くことができる、束縛のない自由な世界だからです。

このように、配色が苦手な人は、ただ楽しく色に興味を持てばよいのです。

そこで、私から提案があります。自分の趣味や特技などの好きなところから、色に関わってみてはいかがでしょうか？　ここでは、音楽、スポーツなど、いろいろな色に関わるエピソードをあげてみました。

「赤」の名前は、どうやって決めたの？

色にもさまざまありますが、名前の由来も多種多様です。例えば「赤」は、あまりにもきれいな夕焼けを眺め「あっ！」と感動したことから、「『あっ！』を加える」→「あを加える」→「あ加」→「あか」という名前がついたとする説があるようです。夕焼けが本当に美しくて感動したのでしょうね！

「紫」は高貴な色

「紫」は人物の名字（姓）として、おもしろい話があります。

花の色で「紫」といえば藤の花が思い浮かびますが、藤の花からとって藤を付けた名字（姓）は、いろいろあります。例えば、佐藤や伊藤、後藤、藤原などがそうです。実は「紫」は、藤に象徴される高貴なイメージがあったようです。そのため、公家などの高貴な方々には、藤が入った名字（姓）が使われたそう。「紫」は、平安時代から稀有《けう》※な色として貴《とうと》ぶ意識が浮かび上がった色だといわれています。

※稀有（けう）　めったにないこと。とても珍しいこと。また、そのさま。

音楽好きの方には…エボニー&アイボリー

元ビートルズのポール・マッカートニーと盲目のスティービー・ワンダーは、世界的に有名な音楽スターです。この二人が1982年に夢の共演をした「エボニー・アンド・アイボリー」という有名な楽曲があります。

この曲は、ピアノの鍵盤の黒鍵(エボニー)と白鍵(アイボリー) がひとつのハーモニーで奏でるように、「白人と黒人の人種の違いがない人類の調和」をテーマに、ポールとスティービーがデュエットで歌いあげ、世界で反響を呼びました。アメリカのビルボード週間、イギリスの週間チャート、日本のオリコンで１位を獲得しました。

それでは、エボニーとアイボリーの名称は、何からとったのでしょうか?

エボニーは、コクタン(黒炭)の英名で、カキノキ科カキノキ属の熱帯性常緑高木です。黒褐色をしていることから、黒っぽい色をエボニーと呼んでいます。また、アイボリーは象牙《ぞうげ》を指します。正確には、象さんの前歯が変化して牙になったようですが、その象牙の色から、白っぽいクリーム色をアイボリーと呼んでいます。

スポーツ好きの方には…青で決める!

集中力を増すためには、青色を見つめると良いようです。野球の練習でキャッチボールをするとき、キャッチャーは青いミットにし、ピッチャーはそれを標的にしてボールを投げると、ピッチャーの集中力が増し、ストライクになる確率が普段より増すのです。なんとスポーツメーカーのデサントのトレーニング用ミットは青色です。本番は大丈夫なんでしょうか!?(笑)

また、2021年開催の東京2020オリンピック・パラリンピックでは有明テニスの森公園のテニスコートも青色です。車いすテニスで出場した国枝選手は、男子シングルスで金メダルを獲得しました。集中力が増したのでしょうね！　ちなみに東京の駒沢オリンピック公園総合運動場の陸上競技場のアンツーカーも真っ青です。

きれいになりたい方には…美人になる色

女性の方は、毎朝化粧台の前でおめかしをするとき、その脇にピンク色の花や花瓶を置いてみてはいかがでしょうか？

ピンク色は、女性が美しくなる色なのです。それは、ピンク色を見つめることで幸せな気分をつくり、女性ホルモンの分泌を助けるからです。さらにナント！　血行を良くして、肌のうるおいを保つ効果もあるそうです。

積極的にピンク色を見つめ、美しさを追求してみてはいかがでしょうか。

目の見えない人でも色が分かる？

２歳で高熱にかかり、聴覚、視力、言葉を失った三重苦のヘレンケラーは、生涯を障害者の救済を使命として、著述や講演を精力的に行ったことは有名な話です。アメリカでは自由勲章を受賞、日本へは３回来訪し、死後（1968年）、日本政府から勲一等瑞宝章が贈られました。

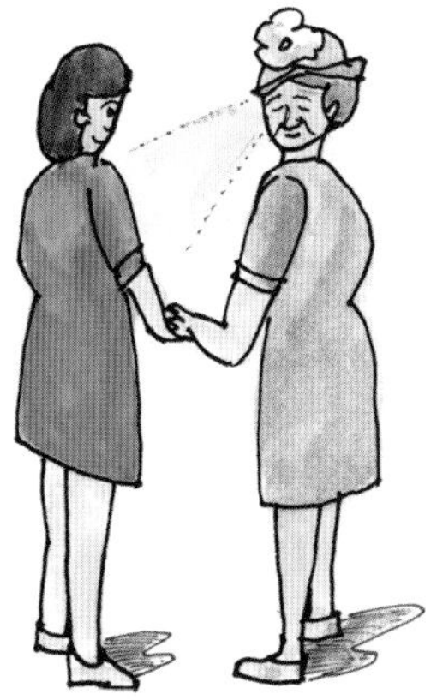

この視力のないヘレンケラーがなんと赤色を認識できたというのです。それは、ヘレンケラーのそばに赤色の服を着た人がいると、彼女の体温が上がるため、赤色を感じられるというのです。

ちなみにヘレンケラーに限らず、人間は赤色を見ると血行が良くなります。赤には食欲を増進させる効果もあり、居酒屋や中華料理店など飲食店の看板に、赤色、朱色、橙色などの暖色系が多いのはこのためです。また、仕事帰りのお父さんが一杯やるのもこのためです…？　本当はもっと他の理由がありそうですね。(笑)

3　色の与える効果と役割

世の中には、さまざまな色があふれています。自然の色彩効果もありますが、社会の誰もが認識し、法的に定められた色もあります。それでは、「なぜ、この色を使っているか？」という色の役割と効果の話をします。

赤と青

右図を見てください。車種、形状ともに同じの赤い車と青い車が、高速道路で並列に止まっているように見えます。

赤い車と青い車

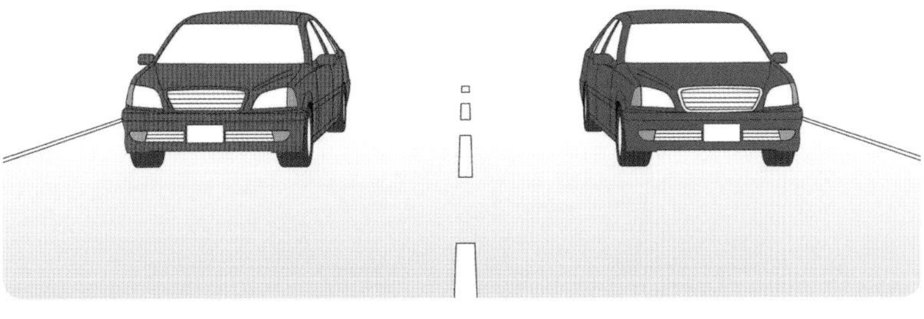

ところが、右図のように、上空から見ると…。そうなんです！　赤い車は、青い車より7mも後退していたのです。それではなぜ、2台の車は同じ位置で止まっているように見えたのでしょうか？

それは、赤は青よりも手前に飛び出して見える色だからです。赤は手前に飛び出して見えるため、「進出色」。青は後ろに退いて見えるため、「後退色」といいます。

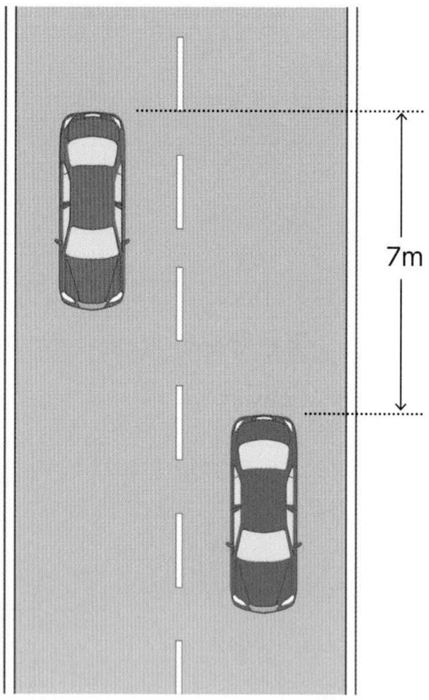

赤い車は青い車より
後ろの位置に

交通法令上定められた3色

交通規則で、法令上決められた色があります。それは、赤、黄、青の3色ですが、これはどこで使われていると思いますか？

そうですね！　信号機です。それではなぜ、この3色が選ばれたのでしょうか？

「赤」は、ドライバーに早く危険を知らせるために、目立つ色(進出色)を「止まれ」としました。

信号の青は、実際には「緑」ですね。緑色は森林浴のように、眺めることで安らぎや安心感を与えることから、「進め」と決められました。ちなみに、信号機の緑色を青と呼ぶのは、青野菜や青物、青葉など緑の葉を「青」と呼ぶところからです。最近の信号機の緑色は直射日光で見にくくならないよう、青色がかった緑もあるようです。

それでは、「黄」はどんな効果があるのでしょうか？　黄は赤の進出色や青の後退色と違い、ほぼ正確に見ている人から黄色までの距離感をつかみやすいという効果があります。そのために黄は「注意」として選ばれました。

黄色についてはこんな話があります。雨の日に車を走らせていると、黄色いカッパを着た小学生が歩道を歩いてきました。この時ドライバーは、車窓から黄色いカッパを着た小学生の距離感を認識しやすいと感じ、子どもの黄色いカッパが普及したとか。

近景と遠景

ピクニックで、山頂の公園の展望台から街並みや森林、遠くの山脈を眺めて深呼吸をすると、自然の空気がおいしいですよね。右の写真は、私の田舎の公園から眺望した景色です。

手前の緑よりも青緑の丘や青紫がかった山が遠くに見える

樹木の葉の色に注目してください。近景を「黄緑」とすると、中景は「緑」、遠景は「薄い青緑」、遠景の山脈は「薄い青紫」になっていませんか？　近景から遠景に遠ざかるにつれて、薄い青色になっているんです。

この「青」の後退色の効果は、自然界でも感じ取ることができます。また、これを絵で描くときの遠近表現を「空気遠近法」といいます。 ※P40 空気遠近法参照

明度対比

下図を見てください。左の円はグレーが明るく見え、右の円はグレーが暗く見えませんか？　そうなんですね！　左右の円はお互い同じ面積、同じ明るさ(明度)なのですが、黒地に囲まれた円は明るく見え、白地に囲まれた円は暗く見えます。これは人の目が、左右の円を見ているつもりでも、実は円に囲まれた色と比べて見ているため、黒地と比べるとグレーは明るく見え、白地と比べるグレーは暗く見えるのです。

このように、周囲の影響で実際の色より明るく見えたり、暗く見えたりする現象を「明度対比」といいます。例えば、黒御影石と白御影石やコンクリートと吹付け仕上げなどの組み合わせで、シンメトリーのデザインにしたつもりが、人の目で見ると左右のバランスが崩れてしまう場合があるので、注意が必要です。

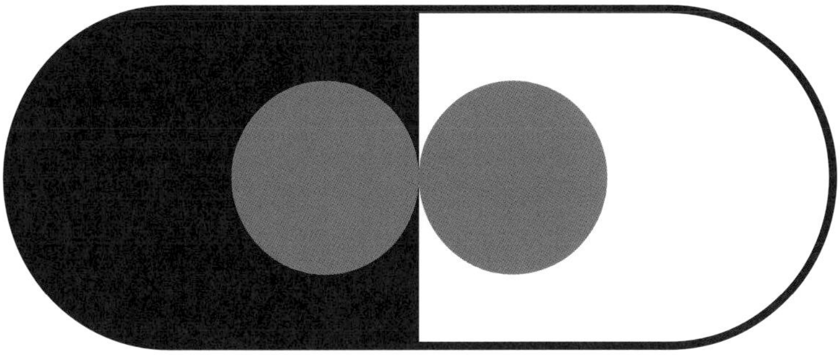

左右の円は同じ面積同じ明度なのに、左の円より右の円の色が濃く見える

面積対比

図のように、大きな長方形と小さな正方形があります。どちらが明るく見えるでしょうか？　大きな正方形の方が明るく見えませんか？

実は、両方とも色相、明度、彩度ともに同じ色なのですが、大きい面積よりも、小さい面積の方が、暗く見えるのです。

メーカーから取り寄せた外部仕上げのカラーサンプルで色を選択したにもかかわらず、仕上がった壁面が予想よりも明るくなることがよくあります。小さなカラーチップは見たままで考えるのではなく、予想する色よりは、明度が2～3段階程度低い色を選択することが賢明です。これは現場経験を積み重ねれば、感覚で色選択ができるようになっていきます。

また、こげ茶や黒などの濃い色 (明度が低い色) は、面積が大きくなると、もっと濃くなります。

同じ色相と明度でも、広い面より狭い面の方が濃く見える

2色の組み合わせは、明度が2～3段階程度の違う色を選択すると違いが分かります。
また面積が大きくなると薄く感じるので、イメージした色より濃い色のチップを選ぶことが大切です

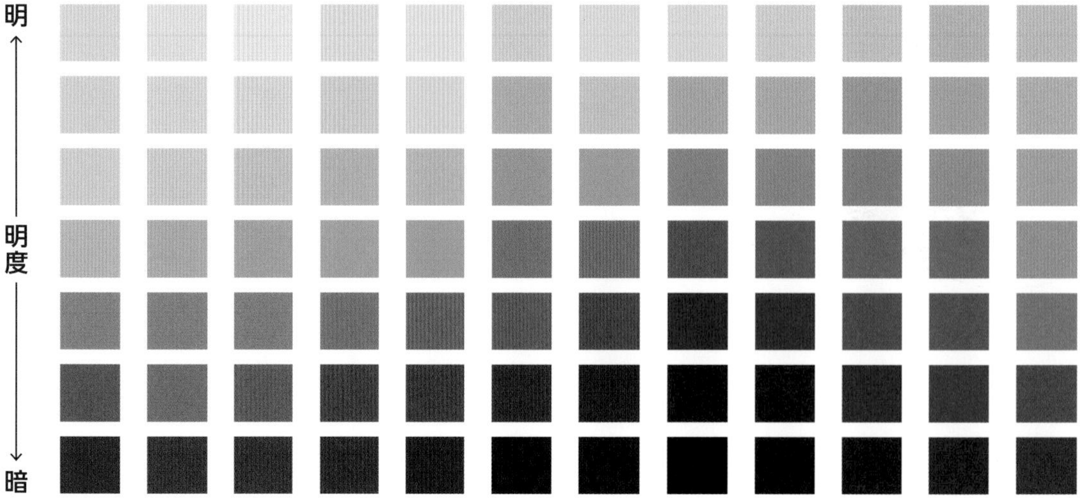

Section 2
色のミニ知識

1 有彩色と無彩色

カラーコーディネートの説明に入る前に、色のミニ知識としていくつかの色の用語や意味、基本的な色構成の説明をします。

写真の画像は同じものですが、色みのあるものとないものがあります。

赤、青、黄、緑などの色みがある色を「有彩色」といい、白、黒、グレーのように色みがない色を「無彩色」といいます。グレーがかっていても、色みを感じるものは「有彩色」です。

有彩色

無彩色

2 色の三属性

色の話をするときには欠かせない3つの要素があります。それは「色相」「明度」「彩度」です。これを「色の三属性」といいます。一般の色の打合せでは、「色み」「濃い⇔薄い」「派手⇔地味」というような言葉で表現していると思います。

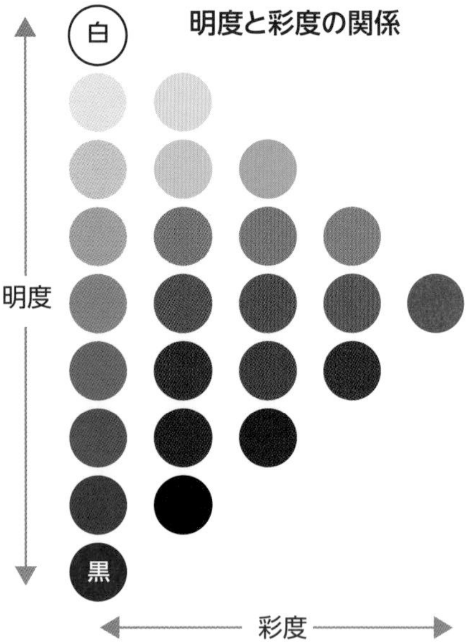

明度と彩度の関係

色相

色み、色の持っている特徴です。人間でいえば、「面白い」や「変わっている」などの性格に当たります。

明度

色の明るさの度合いです。明るい色は明度が高い。暗い色は明度が低いといいます。

彩度

色の鮮やかさの度合いです。鮮やかな色（冴えた色）は彩度が高い。濁った色は、彩度が低いといいます。

ここで、あいまいになるのは、明度と彩度の違いです。

皆さんは、小学校の図画工作の時間で、透明水彩絵の具を筆で混ぜて色を塗った経験があると思います。赤の単色は、鮮やかでピュアーな色に塗れます。また、赤に白を混ぜると薄くなりますが、もとの色よりも薄ぼけた赤色になりませんか？

このように、鮮やかな赤の明度は低いですが、彩度は高く、白く薄ぼけた赤の明度は高いですが、彩度は低いことになります。

3 色相環《しきそうかん》

図のように、虹のように並んでいる色の輪を「色相環」といいます。

色相環は、3色の純色（一次色）といわれる「黄・赤・青」を三角形に配置し、1 黄と❺赤を混ぜて❸橙、❺赤と❾青を混ぜて❼紫、❾青と 1 黄を混ぜて⓫緑で6色（二次色）ができ、六角形に配置します。また、二次色同様に 1 黄と❸橙、❸橙と❺赤……と6色をそれぞれ混ぜ、❷黄橙、❹赤橙、❻赤紫、❽青紫、❿青緑、⓬黄緑（三次色）ができます。これらの12色を輪になるように配置したものが「色相環」です。日本色検配色体系（PCCS）の色相環は24色ですが、知識としては12色で十分理解できます。色彩検定で資格取得を希望する方は、検定用教材での学習が必要です。

1 黄から❺赤は温かみのある「暖色系」、❽青紫から❿青緑はクールな「寒色系」の色みになります。それ以外は「中性色」といいます。

12色で構成された色相環

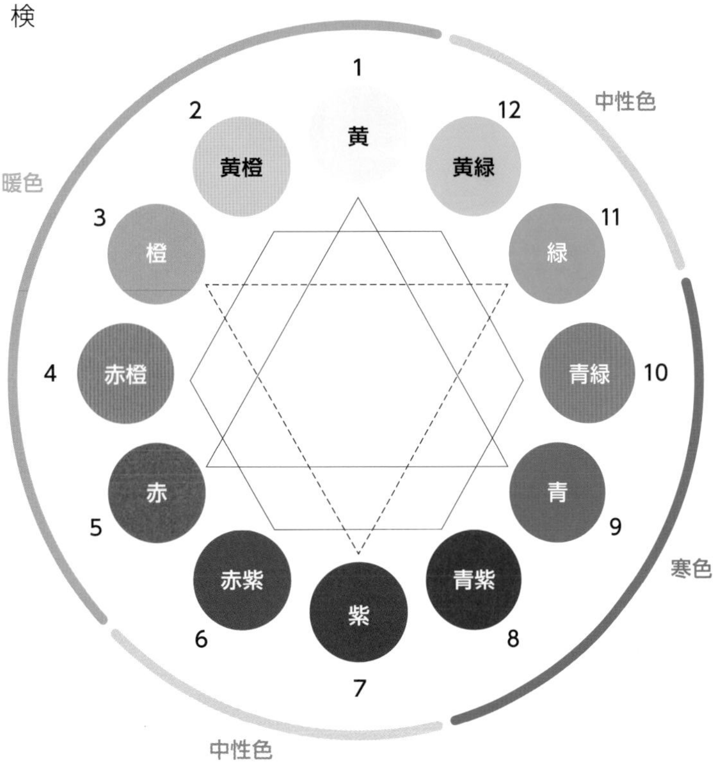

△ 黄・赤・青（三色の純色）

▽ 橙・紫・緑（二次色）

⬡ 黄橙・赤橙・赤紫・青紫・青緑・黄緑（三次色）

4 オリジナルカラーチャート

色相環の12色は分かりましたが、この12色でカラーコーディネートをするのは難しいものです。そこで、配色しやすいようにカラーチャートを制作しました。

このカラーチャートは、多少、彩度を抑えて「建築+エクステリア&ガーデン」用に制作しています。また、色相環を元に制作していますので、カラーチャートといっしょに見比べながら学習しましょう。

建築+エクステリア&ガーデン用・オリジナルカラーチャート ©松下高弘

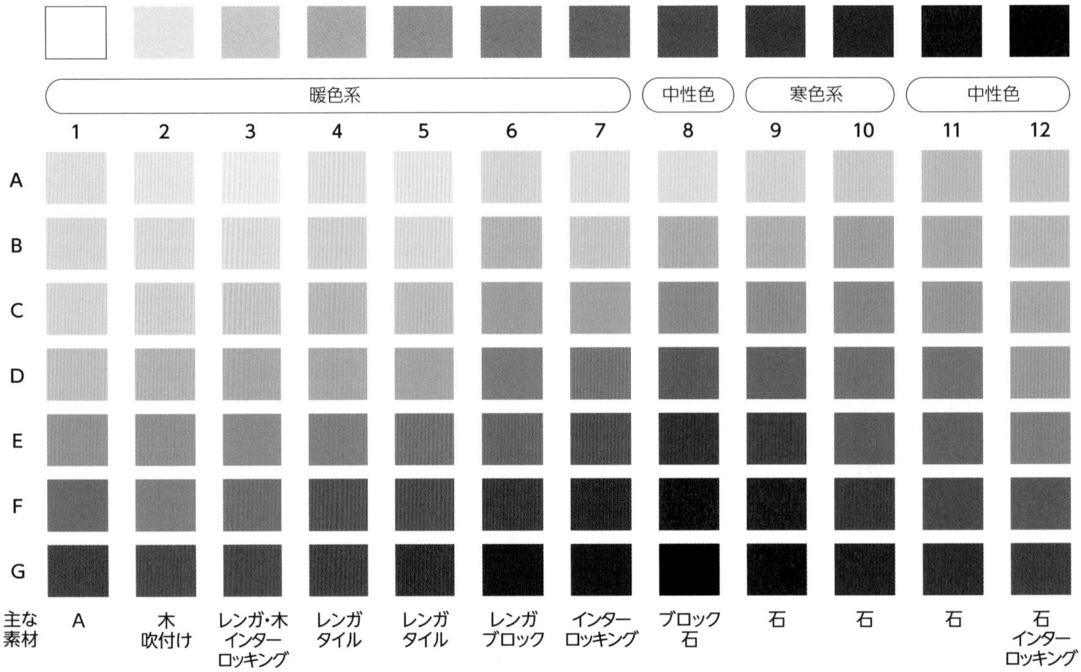

色相環の12色は、**1** 黄のグループ、② 黄橙のグループ…の全部で12グループあります。それを色相環と同じように、カラーチャートの縦列**1**～**12** グループに分けました。横列は、**A**～**G**の7色とし、12グループ×7色で84色と無彩色の12色をプラスして合計96色にしました。

オリジナルカラーチャートの上部の帯は「無彩色」です。色み(色相)がないため、どの色とも無難に配色しやすい利点があります。コンクリートや御影石などのカラーとして扱うと便利です。

縦列の**A**～**G**は、明るい色(明度が高い)から暗い色(明度が低い)のグラデーション、横列はできるだけ明度が同じになるように配置しました。また、色相環の❻赤紫、❼紫の中性色は、建築+エクステリア&ガーデンの色使いとしては再現が難しいため、カラーチャートでは、縦列**1**～**7**を暖色系にしました。縦列**8**～**12**の横列**A**～**D**までの寒色系や中性色は、できるだけ落ち着かせるため、明度を高く、彩度を低くして扱いやすいカラーにしています。

このカラーチャートを見ると、色相環の中に茶のグループはありませんが、暖色系（黄、黄橙、橙…グループ）の暗い色（明度が低くい色）に茶系があります。カラーチャートの縦列**1**〜**7**グループの暖色系に、黄みがかった茶、橙色がかった茶、赤みがかった茶が出てきます。

5 基本的な配色

ここでは色相環やオリジナルカラーチャートを使った、基本的な3つの配色構成を解説します。

同一色（同系色）同士の配色

色相環のグループの濃淡（グラデーション）の中から数色を選択して配色します。カラーチャートでは、縦列グループになります。グループ内の選択なので「同一色《どういつしょく》」といいますが、一般には「同系色」の方が分かりやすいでしょう。

図の立面図は、**1** 黄グループから3色を選択した例です。

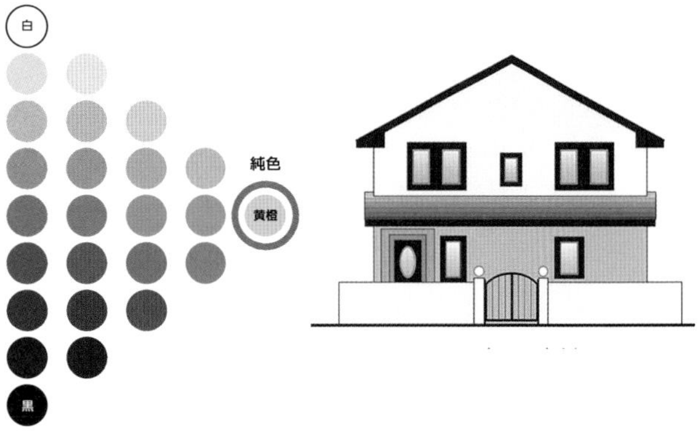

類似色同士の配色

色相環の **1** 黄と❸橙（1個飛ばし）または、**1** 黄と❹赤橙（2個飛ばし）のように、色みの近い「類似色」と呼ばれるグループの中から選択して配色します。

図の立面図は、**1** 黄と❹赤橙グループから3色と白を選択した例です。

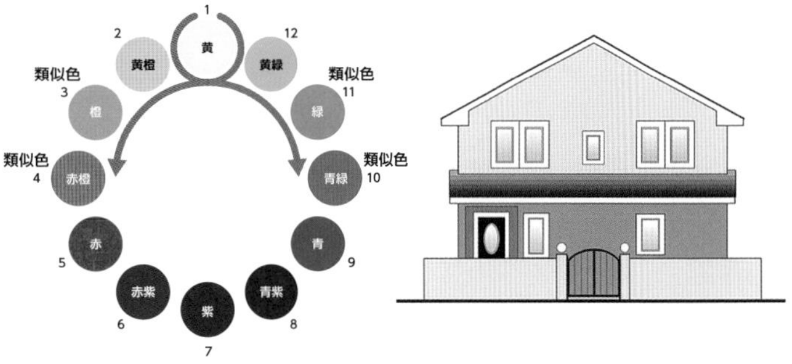

補色同士の配色

色相環の **1** 黄と❼紫、❷黄橙と❽青紫のように、色相環の点対称同士の「補色」から選択した配色です。図の立面図は、**1** 黄と❼紫のグループから4色を選択した例です。

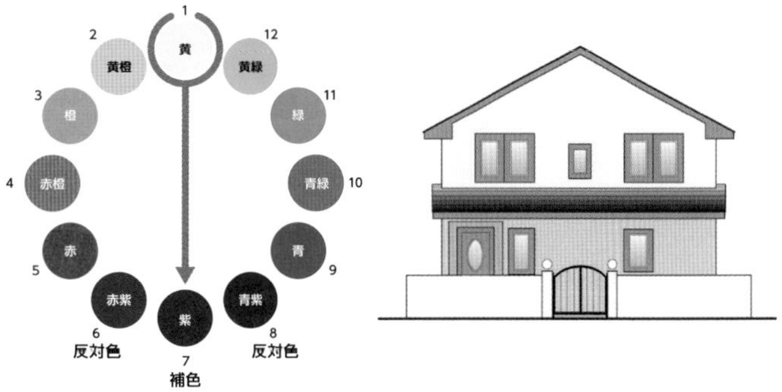

補色＋反対色の配色

色相環の⓫緑と❺赤は補色同士ですが、❺赤の両側の❹赤橙、❻赤紫を⓫緑の「反対色」といいます。この補色と反対色のグループの中から選択した配色です。図の立面図は、⓫緑と❻赤紫のグループから4色を選択した配色です。

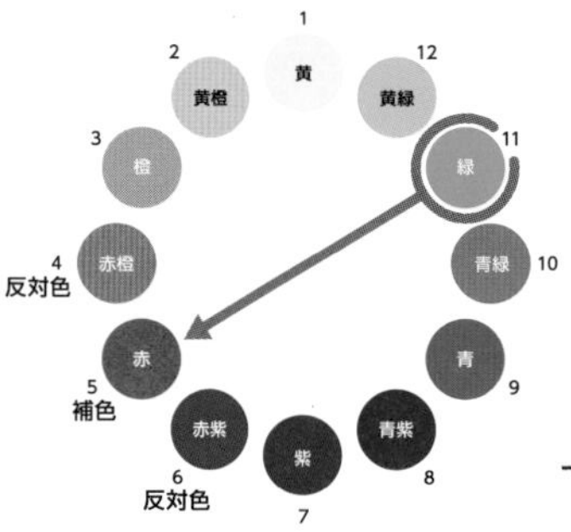

6 いろいろな色の呼び方

明るさ（明度）と鮮やかさ（彩度）を融合した色の調子を「トーン」といいます。

図のように、純色と無彩色の混ざり具合で、薄い（ペール）、明るい（ブライト）、ダル（くすんだ）暗い（ダーク）、深い・濃い（ディープ）、冴えた（ビビット）、強い（ストロング）、ライト（浅い）、ソフト（柔らかい）、グレイッシュ（灰色がかった、灰もの）、ライトグレイッシュ（明るい灰色がかった）、ダークグレイッシュ（暗い灰色がかった）などがあります。

明度と彩度のいずれかを固定して色相（色み）を変えることで、まとまったトーンになります。いろいろなトーンの呼び方を知っておくと色の説明に便利です。

PCCS（日本色研配色体系）トーンマップ

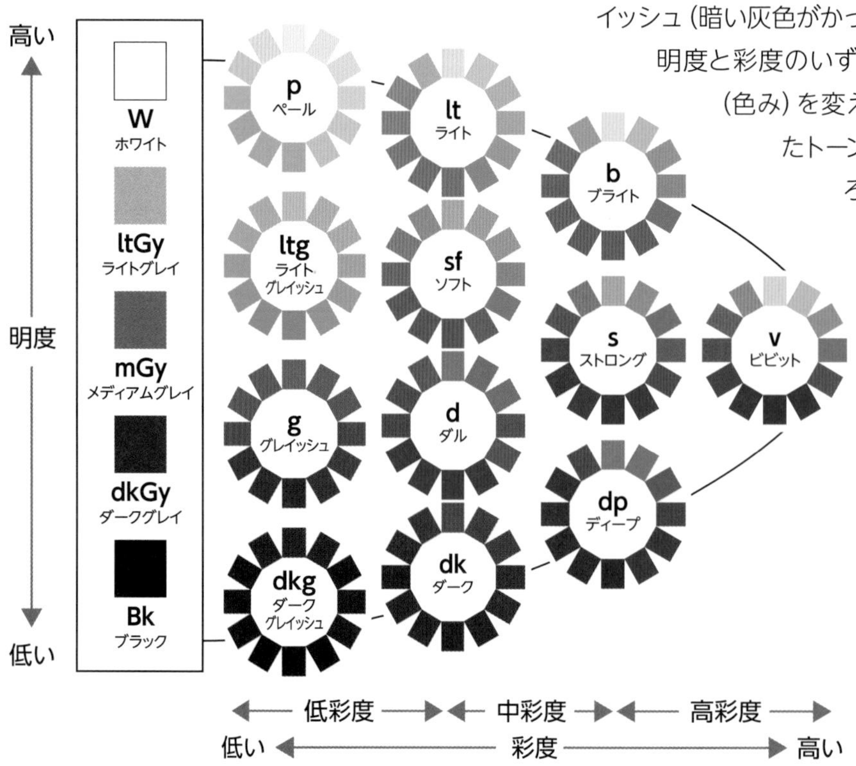

Section 3

7つの
カラーコーディネート

「**Section2 基本的な配色**」の 5 では
家と庭をトータルにコーディネートできるように
オリジナルカラーチャートや色相環を使って解説しました。
いっそう分かりやすくするために
ここからはCADパースや写真で説明します。

1 同系色でまとめる［同一色同士］

無彩色と黄色の同一色（同系色）

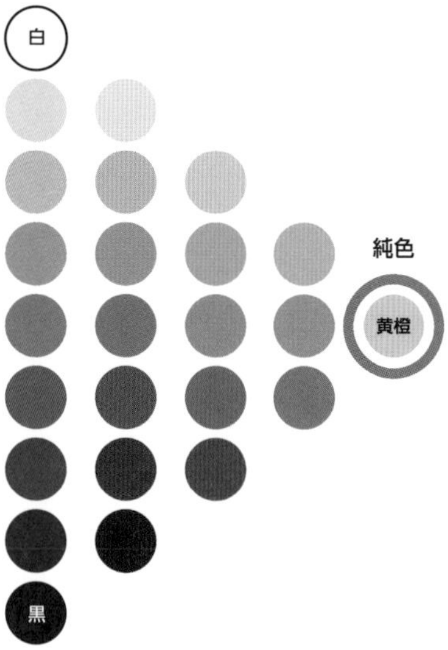

無彩色の濃淡の素材で構成されたファザード

色相環の１グループまたは、オリジナルカラーチャート（P.18）の縦列1～12グループの中の１グループのみで、数色を選んで配色します。同系色なので変化に乏しいですが、落ち着きと統一感があります。ただし、AとD、AとEのように、3～4段階の差がある色で、お互いの明度差が分かるように配色することが大切です。写真は素材をモノトーン（無彩色）の濃淡で構成しています。白い吹付けの塀や機能門柱、駐車場床版はコンクリートと黒い陶器を割ったような三角や四角の不規則なタイルを部分的に貼っています。

CADパースは1 黄グループの濃淡で構成された配色です。住宅は濃いボーダータイルとクリーム色の吹付け、塀はクリーム色よりも少し濃くしたボーダータイルの素材で構成しています。

1 黄グループの濃淡で構成された配色例

2　2色でまとめる［類似色同士］

黄グループの類似色グループ

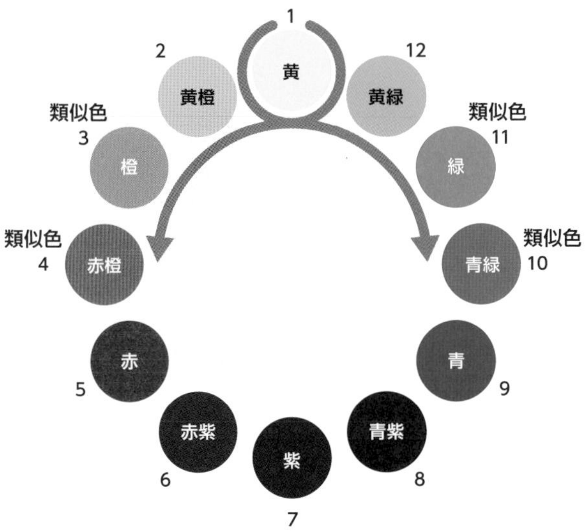

色相環の **1** 黄グループと❸橙グループ(1個飛ばし)、**1** 黄グループと❹赤橙グループ(2個飛ばし)の配色です。暖色系グループ同士の配色は自然な調和が生まれます。**1** 黄グループと⓫緑や❿青緑も、類似同士の配色です。また、各々の面積を同じにすると、お互いの色相同士が主張し合い、色のバランスが崩れることがあるため、1:2または1:3など、比率を変えて配色しましょう。

左下の写真は **1** 黄グループと❸橙グループの配色例です。外壁曲面のアイボリーと明るい茶色系の玄関ドア、その右隣の少し濃い色ムラタイルで構成しています。

左手の段植栽は、塀と併用した三角形スペースをプランターにしています。白い300角タイルの床にコンクリートブロックでできた立ち上がりのプランターですが、一部を❸橙グループの化粧ブロックを使っている点がおしゃれで、全体のまとまりを感じます。

右のCADパースは **1** 黄グループと❹赤橙グループの配色例です。外壁はアイボリーですが、腰壁部分や玄関ポーチ、駐車場の道路際も濃いタイル貼りにして安定感を出しています。また、S瓦の屋根と塀の笠木タイルは赤橙色に、塀は赤橙色の薄い色にして、単調にならないように変化を出しました。

1 黄グループと❸橙グループの配色例

1 黄グループと❹赤橙グループの配色例

3　2色でまとめる［補色同士］

補色同士と補色＋反対色のグループ

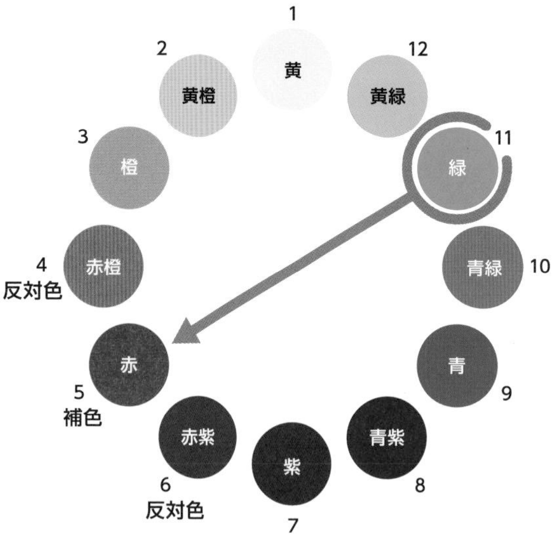

⑪緑グループと❺赤グループの配色例

各々のグループの点対称の正反対同士の配色です。人間では真逆の性格のように、お互いがケンカし合う色なので、一般に基調色は白やグレーを混色して薄くし、アクセントカラーはビビットカラーで少なくすることで、まとめやすくなります。

右上の写真の住宅は、⑪緑グループを基調色に、破風部分のアクセントカラーは❺赤グループ、塀は白っぽい赤色にしています。住宅では珍しいドーム形状が、おしゃれにまとまっています。店舗などの商業施設に向く配色です。

右下のCAD図は、⑪緑グループのラップサイディングと❻赤紫グループの植栽で構成したデザインです。この場合は、住宅屋根を濃いグレーに、外壁や低い塀は無彩色の白を挟んで、⑪緑グループと❺赤グループの補色同士または、⑪緑グループと❻赤紫（反対色1色）の構成にすることでまとめています。無彩色はどんな色にも合わせやすく重宝します。

商業施設の配色例

白を基調に⑪緑の外壁と❻赤紫の植栽で構成

4　3色でまとめる［類似色(2色)＋反対色(1色)］

類似色2色（橙・赤）＋反対色1色（青緑）の組み合わせ

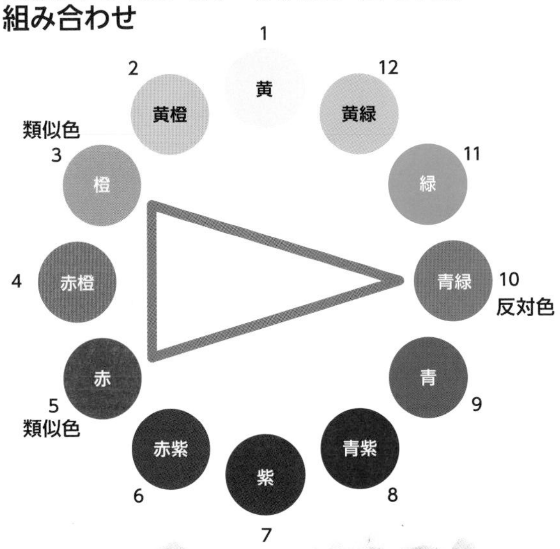

門粗（赤）・舗装（橙）＋コニファー類（青緑）

オーニングはグレイシュで品良くまとめる

濃い青緑色の門扉でシンボリックに

類似色同士２色とその反対色1色で組み合わせた配色です。左図の色相環のように二等辺三角形の構成になります。また、❿青緑の反対色は❸橙と❺赤の類似色に当たります。

左下のイラスト例は、❸橙グループと❺赤グループの類似色同士とその反対色の❿青緑グループの組み合わせです。

赤は門袖やオブジェの赤レンガ、橙は舗装のインターロッキングなど、青緑は低木やコニファー類に当たります。赤レンガの門袖や塀の手前は、クールな葉の植栽を配置して暑苦しいイメージをなくしました。濃い青緑のポール照明はアクセントカラーになります。また、色相環の隣同士や類似色同士のように、住宅外壁のアイボリーやベージュ（❶黄、❷黄橙)は、⓬黄緑の落葉樹などの高木とは相性がよく、自然なイメージにまとまります。

左下の写真はクリニック併用住宅のファサードです。白い住宅の外壁をベースに、玄関ドアは❺赤グループ、玄関ポーチは❸橙グループ、テントの庇は❿青緑グループにした配色例です。赤茶色の玄関ドアでシンボリックに、明るい玄関ポーチは広さを感じさせ、オーニングはグレイシュな色調で品良く落ち着きを演出しています。

右下の写真は、落ち着いた赤色と橙色の色ムラがあるレンガタイルの塀が類似色同士の2色。濃い青緑色の鋳物門扉は類似色の反対色に当たります。塀の色ムラで圧迫感を軽減し、濃い色の門扉や住宅サッシの黒で全体を引き締め、高級感を出しています。

5 アクセントで引き締める

平凡で単調な配色の場合は、ある1色を加えることで変化のある配色になります。

例えば、**写真1**はアパート外壁が白基調、手すり子やスラブは濃いグレーで単調になりがちですが、玄関ドアと階段手すりをアクセントカラーの赤色にして、変化をつけています。細いラインをアクセントカラーにすると、モダンでおしゃれなコーディネートになります。

写真2は、白い外壁の住宅の化粧雨戸を青いアクセントカラーにして変化を出しています。シンプルなフォルムの住宅の単調さを、カジュアルなイメージに演出できます。また、住宅正面2Fのアール形状の立上りも、おしゃれな効果を発揮します。

写真1　白基調に赤のアクセントカラーで

写真3はオフホワイトカラーのマットなサイディングの外壁とガラスの手すり壁で構成されたアパートです。無彩色のベースに朱や紺色の玄関ドアがアクセントカラーになっています。エクステリアはコンクリート打ち放しの門袖にシルバーの表札とポスト、黒いインターホンがシンプルモダンでおしゃれなデザインです。

木地の横張りフェンスと無機質なコンクリートのコラボレーションは、シンプルな中に温かみを感じ、緑となじみすてきにまとります。

写真4のように植物もアクセントカラーになります。高い擁壁の圧迫感は、階段の手すりにツルバラを絡ませると和らぎますね。四季咲きのものもあるので１年間の半分程度は花の色でうるおう景観になります。

写真2　白い住宅に青色の化粧雨戸でカジュアルに

写真3　無機質なコンクリートと木地の温かみ

写真4　植物も自然となじむアクセントカラー

6 セパレーション（分離）でイメージを変える

隣り合った色同士が強すぎてチラチラする場合や、暗く重すぎる配色、または2色の明るさの違い（明度差）があまりない場合に、その間に無彩色を入れることで、落ち着きを出したり、まとまりができたりする配色方法です。

右に3点のCADパースがあります。住宅の1階は茶色系、2階はベージュ色系で、その間に黒、グレー、白ボーダーを入れています。サッシ、笠木やエクステリアでは、門扉や塀の笠木も同じ色にしています。

黒のボーダー

お互いの色の明度や彩度に関係なく、引き締める効果があります。重厚感のある高級なイメージになりますが、反面、頑固なイメージになりがちです。バブル期の住宅では大流行の配色でした。

白のボーダー

お互いの色相、明度、彩度の違いを白と比べることで、クリアに見せる効果があります。きれいで清潔感のある配色です。

グレーのボーダー

お互いの色の関係をあいまいにする配色です。つまり、優しい、安らぎのある和らいだイメージになります。平成5年以降の景気が低迷していった時期から、住宅サッシやエクステリアの門扉やフェンスなどの商材はグレー色が流行りました。

黒のボーダー　重厚感がある配色

白のボーダー　きれいに見える配色

グレーのボーダー　和らいだ配色

7　安定した配色と動きのある配色

ツートンカラーの住宅外観の配色方法です。ツートンカラーとは異なる色の2色や同系色（同一色）の濃淡を並べた配色です。CADパースは同じフォルム、同じツートンの配色で並べ方の違いを解説します。

安定した配色

1階は濃い暖色系、2階は白色の2色の配色です。1階が濃い色の配色なので重心が低く感じることから、どっしりと落ち着きのある、安定したイメージになります。

サッシや破風を白、玄関ドアは白やシルバー系にすると、コントラストが出てクリアに見えます。

動きのある配色

安定した配色とは逆に、2階が濃い暖色系、1階が白色の配色です。安定した配色と同じフォルムの住宅ですが、こちらは動きを感じる動的イメージになります。サッシは白やシルバー系、玄関ドアは2階の暖色系よりも濃くすることで、ファサードの印象を強くできます。

以上、7つのカラーコーディネートを参考にして、住宅とエクステリアをトータルにコーディネートしてみましょう。

また、植栽の背景色によって緑色にも相性があります。これについては、次章の「住まいと周辺環境の配色」で解説します。

Section 4

住まいと周辺環境の配色

初めて私がカラーコーディネートセミナーを開催したのは30年ほど前です。1990年頃までは、住宅とエクステリアデザインのトータルコーディネートの意識は薄く、色彩については言葉もない時代でした。

その当時、私はパース(建物等の完成予想図)製作がメインの職業でしたが、ハウスメーカーの注文住宅や不動産の分譲住宅のカラーコーディネートを外観パースで提案していました。その後、エクステリアメーカーと出会い、住宅とエクステリアの統一したカラーコーディネートの提案をするようになりました。

現在では、ハウスメーカーや不動産業は住宅のみのデザインでなく、エクステリア&ガーデンを含め、トータルにコーディネートする時代になりました。それは施主が門まわりをおしゃれにし、花々ですてきにすることに興味を持つ時代になったからです。住宅の付加価値を求める要素は、エクステリア&ガーデンの充実が必要不可欠なのです。

新築物件の購買数が減少していくにつれ、ただ安価に購入できる新築の分譲住宅ではなく、「人生をともにする魅力ある生活環境に住みたい」「いまの生活環境をよりよくしたい」と考えるユーザーを獲得したい売主や不動産業者が多くなってきたのではないのでしょうか?

ここでは、周辺環境と色彩について解説します。

住宅を引き立てるのはエクステリア&ガーデン

1 周辺環境と色彩の考え方

工務店や設計事務所は、本来、住宅設計から施工までの仕事を行なっていますが、住宅のみで終わらないようにしたいものです。今では、住宅+エクステリア&ガーデンのトータルコーディネートで設計施工する不動産業者や建設会社が多くなってきました。大手ハウスメーカーはエクステリアの子会社を持ち、親会社の注文住宅と分譲住宅のエクステリア&ガーデンの設計施工業務を行なっています。

そこで、住宅+エクステリア&ガーデンのトータルコーディネートをするためには、隣地の建物の形状や素材、前面道路などの周辺環境をチェックの上、計画することが必要です。色のチェックも同時に行い、カラーコーディネートも検討しましょう。

図のように、新築物件の住宅の配色は街並みがきれいになるように、隣家の住宅の外壁や屋根などの配色と調和するように心がけましょう。もちろん、クライアントの好みの配色も考慮に入れ、カラーコーディネートの内容をきちんと計画し説明できれば、クライアントとのトラブルは少ないものです。

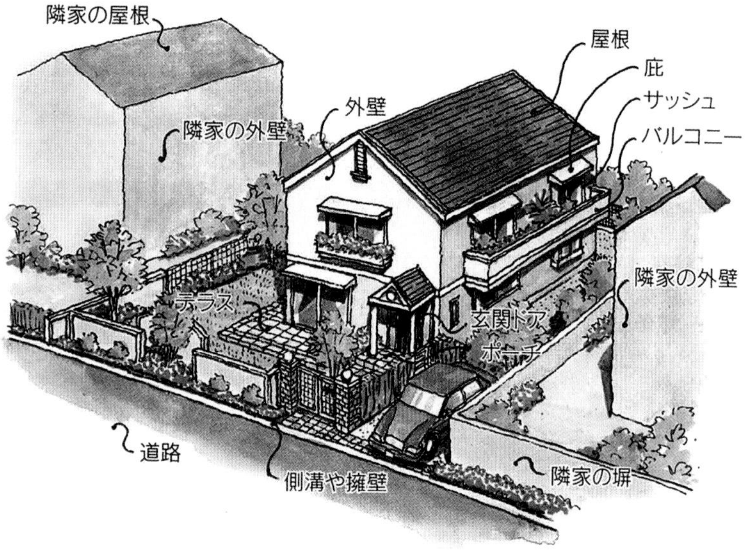

敷地内のみでなく周辺の色にも配慮する

住宅の玄関ポーチに続くエクステリアのアプローチのタイルは、素材や色が合っていないことが多いようです。これは住宅工事とエクステリア工事の業者が違うために起こります。両者の打ち合わせで、前もってコンセンサスを取っておくことが必要です。アプローチタイルと同じになるよう、玄関ポーチのタイル貼りを施工するエクステリア業者もあります。

また、敷地内部のみでなく、道路側から見た景観の配慮も必要です。例えば、凹凸のある低い塀や穴あきなどのデザインウォールをつくり、道路縁石と塀の足元に低木を植栽することで、塀の圧迫感を防ぎ、うるおいのある景観になります。敷地に余裕がない場合でも、道路縁石から5cmでもよいので、タマリュウなどの地被を並べるだけでも和らぐものです。最近はセダム類やその他の多肉植物で、おしゃれにしているエクステリア業者もあります。

写真のように白やベージュの塀に緑の地被がアクセントカラーとなり、低い塀の後ろには中低木の明るい常緑や濃淡のある針葉樹で、ただの塀のように単調でない変化のある世界が生まれます。この路上で犬の散歩や通行する人々にとっては、楽しい安らぎの景観となるでしょう。

歩行者にも眺めのよい景観を意識したエクステリア&ガーデン

現在の「街づくり」は、緑やコモンスペースを設けて、安らぎやうるおいの場を創出しています。分譲住宅地は敷地内が緑でうるおうだけでなく、前面道路側から少しセットバックさせて、緑やデザインウォールですてきに演出されたスペースを設けるなど、景観に配慮した街づくりが多くなっています。これは住民が自ら、地域の景観の維持や増進を図って自主的な規制を行うことができる「景観協定」を結び、よりよい街並みを維持する活動が見受けられるようになったことに他なりません。

みんなのコモンスペースを持つ分譲住宅

2009年にGOOD DESIGN賞を受賞した分譲住宅を紹介します。

八王子のホーメストタウンの脇に、「はちおうじこまち」という10棟現場の分譲住宅があります。企画設計会社が、この現場の全体コンセプトやデザイン、建築、環境（エクステリア&ガーデン）、広告までをトータルにプロデュースしています。

この分譲住宅の魅力を持たせる3つのポイントがあります。

1. 直線的な区画割から曲線で流れるような共有道路の配置と雑木風の植栽で、自然公園的な街並みを演出している

2. 敷地境界をあいまいにして、共有道路と接する住戸のフロントガーデンをコモンスペース化することで、子どもたちも安心して遊べる「みんなの広場」が誕生

3. 敷地内に電柱や配線が見えないよう、外周道路側から配線されているので、街並みの景観が自然で美しい

余談ですが、ラジオ番組で聞いたお話です。

2008年、映画「おくりびと」で元「シブがき隊」の本木雅弘氏主演の脚本を担当した、企画プロデューサーの小《こ》山《やま》薫堂《くんどう》氏は、監督から映画の脚本依頼がきたとき、「私は脚本家ではないので、書けません！」と断ったそうです。しかし、監督に「発想の豊かな固定観念のない企画プロデューサーの小山さんに、是非脚本をお願いしたい」と説得され、脚本の仕事を引き受けたそうです。

「おくりびと」は、第81回アカデミー賞外国語映画賞、第32回日本アカデミー賞最優秀作品賞を受賞しました。小山氏は現在では有名な放送作家として活躍しています。

この小山氏の話から学んだ、企画をするときに「いつも心がけている3つのポイント」があります。紹介した「はちおうじこまち」の分譲住宅は、次の条件を満たしています。

イメージ配置図
敷地も道路もコモンスペース（破線が道路）

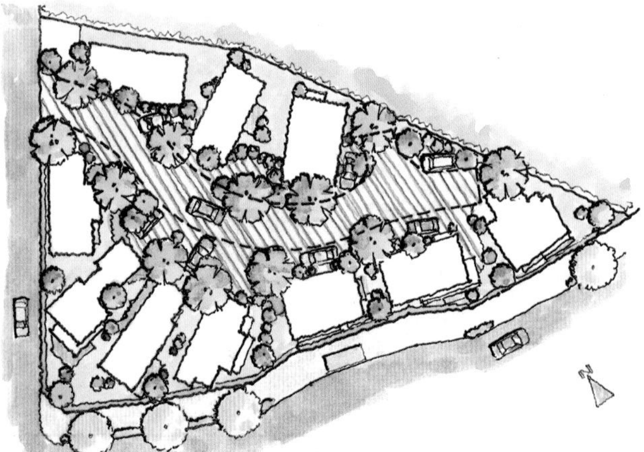

1. 楽しい&面白い！

10棟の敷地の一部と共有道路をコモンスペースにしました。公道とは違い車の出入りが少ないので、おばあちゃんはくつろぎ、子どもたちが楽しく遊び、お母さんは安心して井戸端会議ができるのです。

2. 新しい！

あいまいな敷地配分は後の住宅売買になったとき、分譲住宅に住む人同士のトラブルになりがちです。そこで、この街並みに住むためのガイドライン（紳士協定）を売主がつくり、これを承認したクライアントにしか売らないことを徹底しています。

3. 誰もが幸せになれる!!

この3番目がとても重要です。私が現場見学に行ったとき、コモンスペースに出てきたおばあちゃんは、「私の家には南側に庭はないけど、くつろぐ広場があるから快適です」と言い、広場周辺には近所の子どもたちが楽しく遊んでいました。お母さんは「交通事故の心配がないから安心！」と言っていました。住人の方々は生活に満足していて幸せなのです。

子どもが安心して遊べる自然公園的なコモンスペース

左右の駐車場の間にある雑木風ガーデン

エクステリアだけでなく、ガーデンに幅を広げることで、クライアントに喜びや幸せを感じさせる仕事ができるようになります。

それでは、色彩についてはどうでしょう。

住宅はシンプルモダンなベージュの外壁をバックに。雑木風の植栽の緑と足元の中低木部分は、プランターのように立ち上がりがないため、ナチュラルで和らいだイメージになっています。

ベージュの外壁をバックに緑が映えるナチュラル＋モダンなイメージ

みんなの広場のコモンスペースの舗装は、奥行きや広がりを見せるスリットグリーンで単調さをなくしています。駐車場は車の存在を感じさせないように、植栽の配置を工夫しました。

ベージュと植栽の緑は相性が抜群で、全体的にはナチュラルモダンなイメージで構成されています。このように、エクステリア&ガーデンデザイナーは「住まう人の幸せを願う街づくり」ができる仕事であると覚えておきたいものです。

2 植栽の緑とカラーイメージ［緑と背景色］

さまざまな葉の色のコニファー類

植栽の葉の色にはさまざまな色があります。

左の写真は、前面道路の歩行者からの視線をカットするために植えられたコニファー類です。黄緑、緑、青緑などのさまざまな色と形で構成されたコニファーは見事ですね。

このように、さまざまな葉の色が背景色によってどのように見えるのかを研究してみましょう。

植栽の緑と背景色

住宅の外壁や塀などは、さまざまな色があります。最近は黄色や黒い壁の住宅をよく見かけるようになりました。いろいろな壁色などを背景にしたときの植栽の葉の色は、どのようなイメージで見えるのでしょうか？

ここでは、イエロー、ベージュ、レンガ、ピンク、ブラック、ホワイトを背景色にしたときに、植栽のさまざまな葉の色の見え具合をCADパースでシミュレーションしてみました。

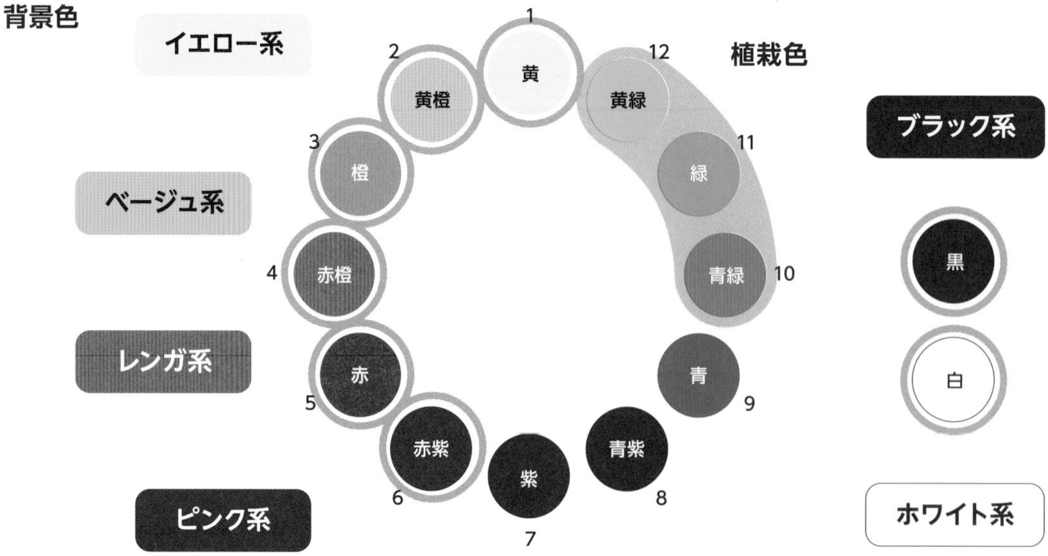

イエロー系

イエロー色は色相環では 1 黄色グループなので、⑫黄緑、⑪緑ともに問題なく植栽の緑になじみます。

黄色が多少派手なので、黄緑の落葉樹と、それより濃い常緑樹の組み合わせで、カジュアルなイメージにまとまります。特に、黄色の背景色と黄緑の植栽は、とてもきれいな配色になります。地被の黄色い花もよく似合います。

● ベージュ系

ベージュ色は、色相環の②黄橙グループの最も明るい色です。⑫黄緑や⑪緑グループと類似色同士で大変相性のよい組み合わせです。

緑が自然に溶け込んでなじみ、ナチュラルなイメージになります。

● レンガ系

レンガ色は❹赤橙や❺赤グループの濃い色です。

❺赤グループのレンガ色の場合は、❿青緑や⑫黄緑は反対色、⑪緑は補色になります。

背景色と植栽の緑の明度や彩度が同じだと、お互いがケンカし合う組み合わせになるので、濃い（暗い）レンガ色の場合は、植栽の色を明るくしましょう。

夏場の暑い時期は、明るい青緑のコニファー類を植えて、暑苦しいイメージを和らげます。

●ピンク系

ピンク色は色相環の❻赤紫グループの明るい色です。

⓬黄緑グループとは補色、⓫緑グループは反対色の組み合わせになるので、お互いがケンカし合い、きれいに見えにくい関係です。

暗いピンクになるにつれて寂しいイメージになるので、❹赤橙や❺緑グループよりの明るいピンク色になるよう配色をよく検討しましょう。

●ブラック系

今から10年前（2010年頃）から見かけるようになった黒い住宅です。今では人気のようですね。

黒い背景色は暗いイメージになるので、植栽の色は株立ちの落葉樹などのように、黄緑などの明るい色にすると引き立って見えます。濃い緑はきれいな緑に見えにくいので注意しましょう。下のホワイト系のCADパースと比べると分かりやすいでしょう。

ニューサイランのようなエンジ色の葉は、ワンポイントで和モダンなイメージになります。

○ホワイト系

ホワイトは無彩色の中で最も明るい色です。

黄緑や緑など、どんな植栽でもきれいな葉の色を見せてくれます。

3 花やカラーリーフの色でうるおいのガーデン

1990年代にコニファー類の植物を扱ったイングリッシュガーデンが大ブームを巻き起こし、2000年代では「庭いじり」が人気となり「ガーデニング」が定着していきました。今では住宅の玄関前や庭は、花々やカラーリーフなどで華やかに飾られる時代です。

右の写真のように街並みのファサードは緑や花々でうるおっています。

2020年からは在宅ワークの人が増えたこともあり、ステイホームによる空前のガーデンブームとなりました。それに伴い自宅のファサードを整えたり、庭でガーデニングをしたりするユーザーが多くなってきました。

分譲住宅のファサードは緑でいっぱい

個人邸の窓や生け垣は花々でにぎわう

週末のガーデンセンターやホームセンターでは、花鉢や園芸グッズを探す人でにぎわうことも多くなりました。そこで、人気の高いメジャーな植物をいくつかご紹介します。

春先から秋にかけて咲くペチュニアやマリーゴールドは、ガーデニングにおすすめの植物です。ペチュニアは1年間の中でも長期にわたって咲きます。また、冬場のガーデンシクラメンは、小ぶりで寒さに強いので、寄せ植えに向いています。

ペチュニア（3～11月）

マリーゴールド（6～10月）

ガーデンシクラメン（11～4月）

フイリヤブラン（紫花）とヒューケラ（エンジ）で大人のイメージ

花のにぎわいにも負けないのがカラーリーフです。左の写真のように、手前からフッキソウ（黄緑）、ヒューケラ（エンジ）、ヤブラン（花：紫・8月〜11月）、オタフクナンテン（赤）の順に、カラーリーフと花でガーデンを演出できます。オタフクナンテンは常緑ですが、晩秋から冬にかけては赤く紅葉するため、和風だけでなく、洋風にも似合う植物です。

夏から秋にかけて、緑の中にエンジ色のヒューケラとフイリヤブランの紫色の花が咲き、大人っぽい落ち着きのあるガーデンに。

冬はオタフクナンテンの紅葉で、寒い時期を華やかに温かく演出してくれます。

右の写真のように、ヒューケラは黄緑色、キャラメル色、黄色、エンジ色などのさまざまな色を楽しむことができるグランドカバーです。いろいろな色を並べてもすてきですが、緑の中にワンポイントで置くのもおしゃれにまとまります。

和風の定番でよく使われるツワブキは右下の写真のようにマホニアコンフーサのグランドカバーとして扱うのもおしゃれです。丸いジョウゴのような特徴のある葉の形なので、しっとりとした和モダンイメージにもよく似合います。

左下の写真のように、グランドカバーを引き立てる素材としては、スコリアという鋭角の細かい赤色の火山砂利があります。プリペットやヒューケラの黄緑色が引き立って、すてきに見えます。このように、緑や花でおしゃれにファサードを飾れば、植物はうるおいや生きがいを感じさせてくれるのです。

同じヒューケラでも色はさまざま

ツワブキとマホニアコンフーサ

スコリア敷きの花壇

Section 5

遠近法を利用した色の効果

カラーコーディネートの説明に入る前に
色のミニ知識としていくつかの色の用語や意味
基本的な色構成の説明をします。

1 基本的な3つの遠近法

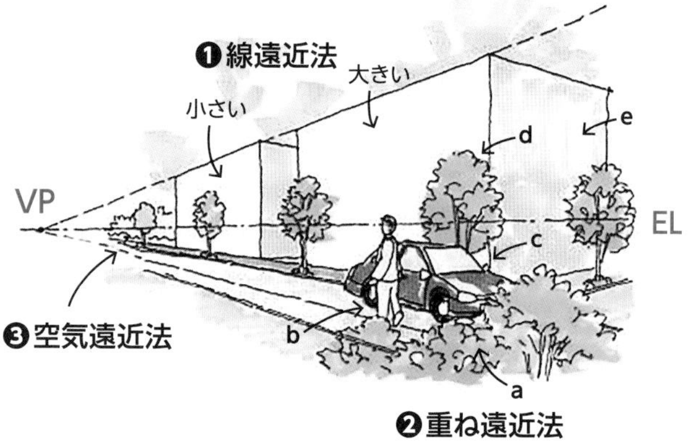

❶線遠近法

右側と左側の建物は、高さや奥行きのサイズともに同様のものです。位置も道路に平行で手前と奥に並んでいます。道路の高低差はないと考えます。

この2棟の建物のルーフラインや道路は、地(水)平線上(EL:アイレベル)にある消失点(VP:バニシングポイント)に交わります。

このように平行なもの同士は、地(水)平線上(EL)の消失点(VP)に必ず交わる法則があります。対象物が手前から奥に遠ざかるにつれて、だんだん小さくなっていく図法を透視図法と呼び、このように、線によって遠近を表現することを「線遠近法」といいます。天才画家で有名なレオナルド・ダ・ヴィンチの描いた「最後の晩餐」にも、天井や壁がEL上のVPに向かって描いているのが分かります。

❷重ね遠近法

手前から近景のa植栽→b人物→c車→d街路樹→e建物の順に重なっています。このように、手前から奥に物と物を重ねることで遠近感を出す表現を「重ね遠近法」といいます。

❸空気遠近法

図のように、手前の街路樹ははっきりと、奥の街路樹はぼかしています。このように、手前の物ははっきりと、奥に行くにつれてぼかすようにして遠近表現をすることを「空気遠近法」といいます。手前の樹木は黄緑色で、遠くの樹木は薄い青緑色にする色彩表現も遠近効果があります。後退色の青色は薄く淡くぼかすことで遠くに見えるようになります。P13「近景と遠景」も参照してください。

レオナルド・ダ・ヴィンチ作・最後の晩餐　サンタ・マリア所蔵

2 遠近法を利用した庭を広く見せるテクニック

前述の3つの遠近法の特徴を活かした配色効果や、庭を広く見せるテクニックを解説します。

❶線遠近法　形状の表現で広く見せる

角材フェンスの高さを変える

平面図のように、左右に幅1m、厚さ25ｃmの角材を1m間隔で5本並べています。この一番手前の２本の角材が並んだ中心から5ｍ離れたところに立って見たものが図Ａ、Ｂです。

図Ａは、高さ4mの角材が2列で5本並んでいる様子です。図Ｂは、２列の角材が手前から高さ4m、3.5m、3m…と奥へ行くにしたがって低くなっています。

ここで問題です。 Ａ、Ｂどちらの空間が広く見えますか？ Ｂの方が広く見えませんか？

同じ面積の敷地でも、図Ｂのように空が広く見える方が、敷地の空間が広く感じられます。

平面図

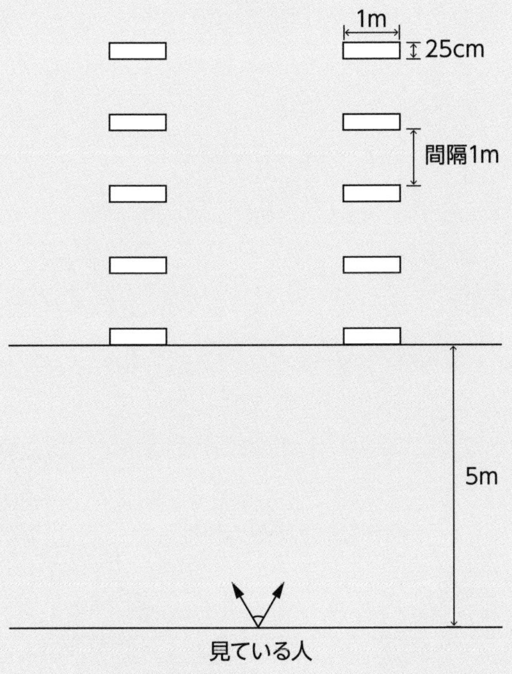

左右1m間隔で奥行方向に並んでいる角材

図A

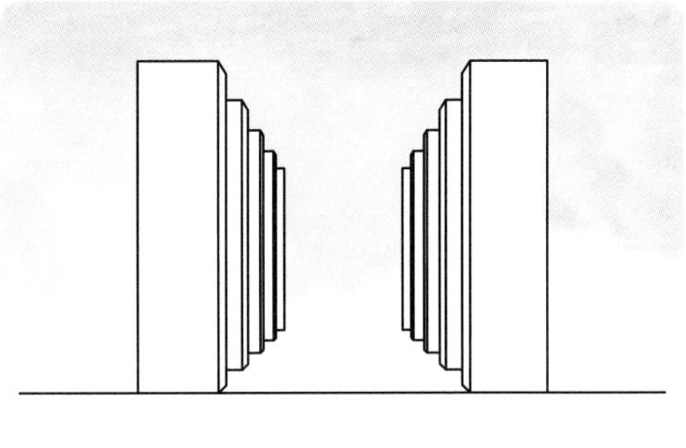

各々高さ4mで統一されている角材

図B

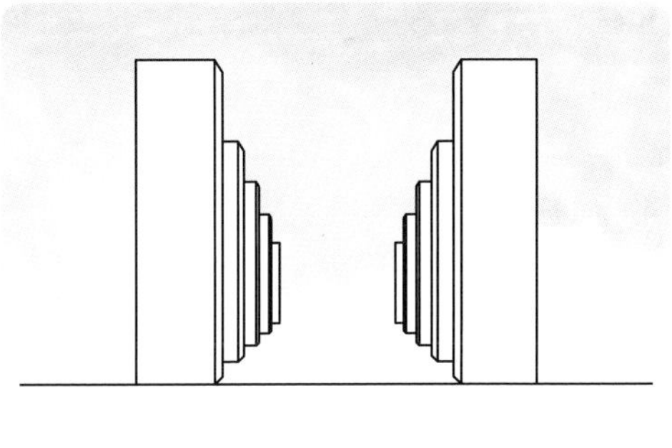

手前から4m、3.5m、3m・・・と奥に行くにつれて低くなる角材

空が広く見えると敷地の空間も広く感じる

庭を広く見せるテクニック 1

手前と奥の植栽の高さを工夫する

図Ａと図Ｂの庭をご覧ください。どちらの庭が広く感じますか?

どちらの敷地も間口も奥行きも同じ広さですが、Ｂの庭の方が広く感じませんか?

図Ａは手前と奥の植栽の高さが消失点に向かう高さにしています。図Ｂは消失点の位置を下げて点線の角度を急にした高さで植栽しています。前ページの応用で、空が広く見えるように植栽の高さを工夫することで、庭が広いイメージにすることができます。

図A：手前と奥の植栽が消失点に沿った高さ

図B：植栽が消失点に沿わない高さ

庭を広く見せるテクニック 2

法面の高低差をじょうずに活かす

図Ａ、Ｂは間口と奥行きが同じ敷地です。図Ｂは敷地の奥が法面になっています。

このＡ、Ｂの敷地を比べてみましょう。図Ａよりも図Ｂの敷地の奥行きが広く見えませんか?

図Ａは敷地がフラットですが、図Ｂはほぼ法面の斜め部分が図Ａより広くなります。

図A：フラットな敷地

図B：法面がある敷地

庭を広く見せるテクニック 3

曲線や目地方向しだいで奥行きをあいまいにする

図Ａ、Ｂはリビングやダイニングから見た南側にある庭です。図Ａは間口や奥行き方向に各々平行なタイル目地のテラスと直線の小道、図Ｂは斜め45°のタイル目地のテラスと曲線の小道のデザイン例です。

同じ広さの庭でも、図Ａよりも図Ｂの庭が広く感じませんか？ 間口や奥行きと平行な直線のデザインよりも、曲線や斜めのタイル目地を使うことで、広がりのあるイメージになります。また、右側のベンチの置き方も、奥行き方向に直角よりも、45°斜めに置くと広がりを感じます。

図A：間口や奥行き方向に各々平行なタイル目地の庭

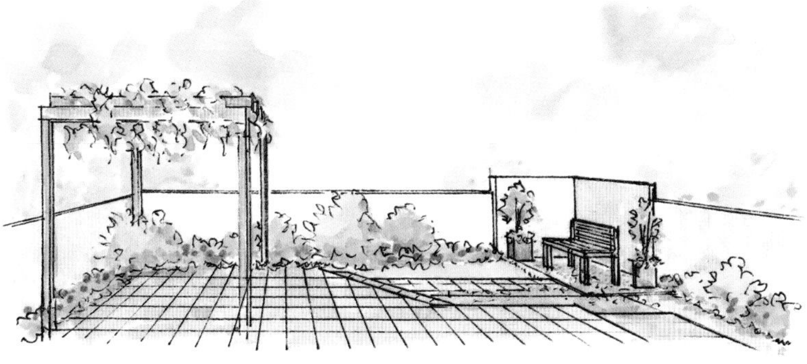

図B：斜め45°方向のタイル目地の庭

下の図Ｃ、図Ｄは、図Ａ、図Ｂの右手奥にある小道をパーゴラ側から見た図です。この図からも分かるように、斜め45°のタイル目地や曲線の小道は、庭の奥行きが広く感じますね。消失点を分かりにくくすることで、奥行きの距離感があいまいになり、広がりを感じられます。

図C：塀に平行な直線の小道

図D：曲線の小道と45°のタイル目地で奥行きが広く感じる

❷重ね遠近法

庭を広く見せるテクニック 4

プランター、門袖、植栽などをじょうずに重ねる

下の図は北入りのファサードガーデンの平面図とパースです。

平面図のように、奥行が80cmしかなくても、手前に花壇のような低い立ち上がりと、それより奥に少し高い立ち上がりの壁を配置します。そして、さらに少し奥にシンボリックな門袖を設置します。こうすることで、低い壁や門袖の間に植栽を挟んで奥行き感が出るのです。

このように、物と物を重ねることで奥行きを出す遠近法を「重ね遠近法」といいます。狭いファサードでも重ね遠近法を応用すれば、ゆったりとしたイメージのおしゃれな門まわりをつくることができます。（※P40重ね遠近法参照）

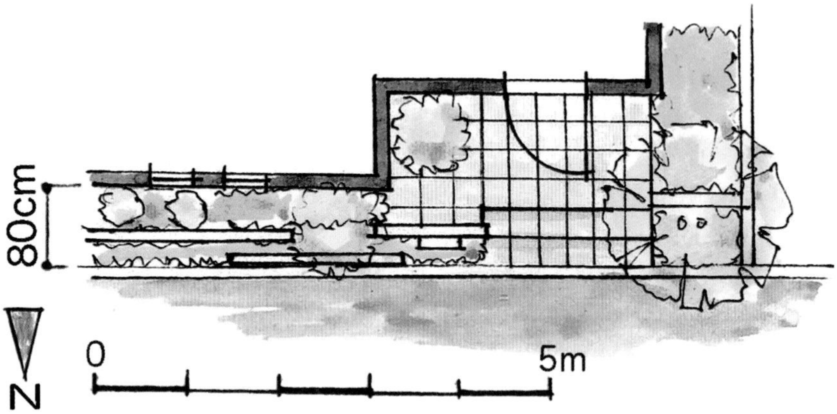

平面図
プランターの
立ち上がりは
板状の土留めにして
敷地を高くする

パース
狭い奥行きも植栽や門袖などを
重ねて広く見せる

❸明暗遠近法と空気遠近法　色の濃さや色使いの工夫で

色の濃さの違いで奥行きを広くまたは狭く感じさせることができます。直方体の壁を並べたイラストで遠近の違いを研究してみました。

明暗遠近法～塀や壁の色を変えて～

図Ａ、図Ｂともに、一番手前の縦長の長方形の壁は同じ色です。その後ろの広い壁は、図Ａはグレーっぽいベージュ（明るい色）、図Bはこげ茶（暗い色）です。両者を比べてみると、一番手前の壁は図Ａよりも図Ｂのほうが飛び出して見えませんか？

これを、明るい色が手前に飛び出し、暗い色は後退して見える効果を利用した「明暗遠近法」といいます。明るい色と暗い色を重ねることで、遠近を強調することができます。

図A：バックがグレーっぽいベージュ色の壁

図B：バックがこげ茶色の壁

図C：バックが薄い青色の壁

このように、形状や色の濃淡を工夫することで奥行きや空間の広がりを実際の距離より広く感じさせることができます。

参考までに、右の写真の明るい黄緑色の樹木は背景の濃い緑よりも飛び出して見えます。これも明暗遠近法です。門袖や門柱などのデザインのヒントになるのではないでしょうか？ いろいろ工夫してデザインを考えてみましょう。

明暗遠近法

空気遠近法～後退色を使って～

明暗遠近法のほかに、手前の物はハッキリと、奥の物はぼかして奥行きを表現する「空気遠近法」があります。上の図Ｃのように、手前の壁のバックを薄い青色の壁にすると図Ａ、図Ｂのバックの壁よりも遠くにあるように見えませんか？

右の写真のように、広大な景色の中では、手前の樹木の黄緑色よりも奥の山を薄い青色に見えることで、山がはるか遠くにあるように感じます。

空気遠近法

手前と奥が近い場合は明暗で、奥が遠い場合は薄青い色で遠近感を出す

庭を広く見せるテクニック 5

通路を斜めやランダムに配置する

間口や奥行きの狭い敷地では通路を直線にしないで、斜めやランダムに配置することで間口方向が広く感じられます。また、手前は近景の高木、遠景は低めの高・中木を配植することで、遠近感を強調できます。

図A：コの字型の通路

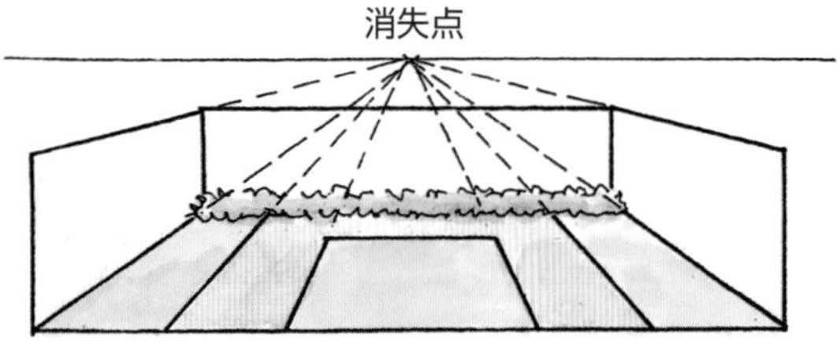

図B：斜め方向の通路

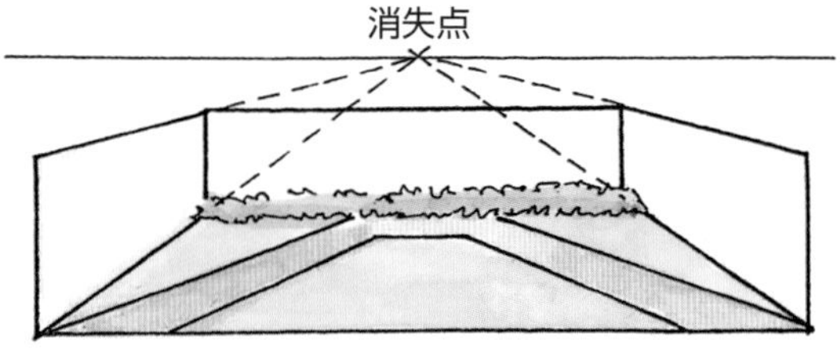

図A：奥行き方向に直線の通路

図B：ランダムにタイルを張った通路

図Aよりも図Bの方が間口方向が広く感じられる

庭を広く見せるテクニック 6

高中木の葉の色を工夫する

テクニック1の「高低差を工夫する」と、テクニック3の「曲線を使った通路」を組み合わせることで、とてもすてきでおしゃれな空間が演出できます。それに加えて、落葉樹のイロハモミジやカツラなどの紅葉・黄葉を近景や中景に、常緑樹や針葉樹を背景に置くことで奥行きが広く感じられるようになります。落葉樹と落葉樹の間に常緑樹などを挟む「重ね遠近法」も使えそうですね。

皆さんもいろいろと研究してみましょう。

奥の暗い緑より明るい緑が手前に飛び出る

紅葉の赤が手前に飛び出て遠近を出す

Section 6

イメージキーワードとカラースケール

1 イメージキーワードと配色のポイント

クライアントの気持ちや思いなどを、イメージ用語として並べ、それをジャンル別に分けたものをイメージキーワードといいます。このイメージキーワードを建築+エクステリア&ガーデンで扱いやすい6つの用語にまとめ、それぞれの特徴と色彩の構成をあげました。基調色、配合色、強調色の解説はP50で解説します。

※ペールやビビットの意味はP20を参照してください。

ナチュラル 自然に合う色

- **イメージ用語** くつろいだ、やすらいだ、のんびりした、うるおい
- **配色イメージ** 色相環の黄、黄橙、橙グループの暖色系でまとめる
- **素材** 木《もく》、枕木、石、樹木の緑、アイアンなど
- **基調色** アイボリー、明るいベージュ
- **配合色** 黄、黄橙、橙グループの暖色系
- **強調色** 濃い茶系
- **ポイント** 温かみのある自然素材を活かす柔らかい雰囲気

カジュアル 楽しく感じる色

- **イメージ用語** 愉快な、ユーモラスな、楽しい、にぎやかな、リズミカルな
- **配色イメージ** 子どものオモチャや公園の遊具にある黄、赤、青、緑などの鮮やかな配色
- **素材** 赤レンガ、スチール手すりなどのペンキ仕上げ、素焼きのポット、花鉢、オシャレな表札・ポスト
- **基調色** 白、アイボリー、ベージュ
- **配合色** 黄、橙、赤、青、緑などの薄い色（ペール）
- **強調色** 黄、橙、赤、青緑などの鮮やかな色（ビビット）
- **ポイント** 明るく楽しい軽快な雰囲気。リズミカルな感じ

エレガント　やさしいおだやかな色

- **イメージ用語**　情緒的な、優雅な、上品な、女性的な、穏やかな
- **配色イメージ**　ワインベージュを使った、優雅ですてきな配色
- **素材**　色ムラのある割り肌のレンガ、石の乱張り、ハーブ花、アイアンなど
- **基調色**　温かみのあるグレー、ベージュ、薄いワインベージュ
- **配合色**　基調色より濃いワインベージュ、茶系
- **強調色**　ワインレッド、濃い茶系、赤紫、紫、青紫の花の色
- **ポイント**　赤紫、紫、青紫系の花と、色ムラの割り肌レンガタイルで大人っぽいイメージに

クラシック　落ち着いて見える色

- **イメージ用語**　伝統的な、豪華な、重厚な、格調のある、高級な
- **配色イメージ**　どっしりと重厚感のある安定した配色
- **素材**
  茶系のレンガやタイル、枕木、コニファー類の植栽、緑青《ろくしょう》銅板など
- **基調色**
  渋みのある茶系、ベージュなど
- **配合色**
  基調色より少し濃い色
- **強調色**
  こげ茶、セピア、モスグリーン、ディープグリーンなど
- **ポイント**
  茶系の濃淡で落ち着きを。濃いグリーンをワンポイントに

シックモダン　無機質で単調な色

- **イメージ用語**　洗練された、スマートな、合理的な、都会的な、簡素な
- **配色イメージ**　無彩色の濃淡をバランスよく配色する
- **素材**　ピンコロ、穴あきブロック、平板、木《もく》、アルミ、鋼板など
- **基調色**　白、淡いグレー
- **配合色**　基調色よりも濃いグレー（ライトグレーイッシュ）
- **強調色**　配合色よりも濃いグレー、黒、赤系をワンポイントに
- **ポイント**　モノトーンの明暗（コントラスト）はほどほどに

クリア　爽やかですっきりした色

- **イメージ用語**
  爽やかな、すっきりした、シンプルな、涼しげな
- **配色イメージ**
  白ベースを活かして清潔感を出し、シンプルに
- **素材**
  すりガラス、アルミ、ステンス、ガラスブロック、水
- **基調色**
  白、アイボリー
- **配合色**
  淡いグリーン、淡いペパーミント
- **強調色**
  濃いグリーン、紺色
- **ポイント**
  寒色系のグリーンや紺色をアクセントに爽やかさを演出

2 3つの配色バランス

「**Section2 基本的な配色**」の**5**で、いろいろな配色方法の説明をしましたが、3つの配色は色構成のバランスが大切です。次の3つの色のバランスで効果的なカラーコーディネートがしやすくなります。下のパースを参考にしてください。

1 **基調色**（ベースカラー）
全体の中で最も面積を大きく占めるベースとなる色
●ベージュ色の住宅外壁と塀や門袖の吹付け仕上げ

2 **配合色**（アソートカラー）
基調色の次に面積が大きい色
●こげ茶色の住宅の縦格子や
玄関ドア、門袖の縦格子

3 **強調色**（アクセントカラー）
ワンポイントとして全体の色調に変化をつける色
●オリーブグリーンの住宅玄関の柱と門袖の一部

基調色と配合色の2色構成で、強調色がなくても問題はありません。2色で物足りないときに、強調色を使います。無彩色はどんな色ともなじみやすい色です。色数に考えなくても大丈夫です。

私の経験では、基調色60〜70%、配合色20〜30%、強調色5〜10%程度のバランスが効果的です。比率は立面図の面積比率ではなく、敷地の前面道路などから見た、立体の見えがかりの比率になります。

参考までに、インテリアでは基調色70%、配合色25%、強調色5%といわれています。

3 カラースケールからイメージカラーを決める

カラーコーディネートは、色が好きな方は感覚でできますが、色が苦手な方は何を基準にして構成すればいいのか分からないものです。そこで、イメージキーワードから選択できる、イメージカラーを選びやすいスケールをつくりました。これは、建築+エクステリア用のカラースケールです。基調色はDICの色見本から、配合色や強調色は木調、石調、塗り壁調などの質感付きカラーで構成しています。

このカラースケールは、縦軸がLight(軽い)→Heavy(重い)、横軸がWarm(温かい)→Cool(涼しい)で構成しました。

P48〜50で解説したナチュラルやエレガントなどのイメージキーワードからクライアントの好みを選択し、カラーコーディネートの参考にしてみてください。

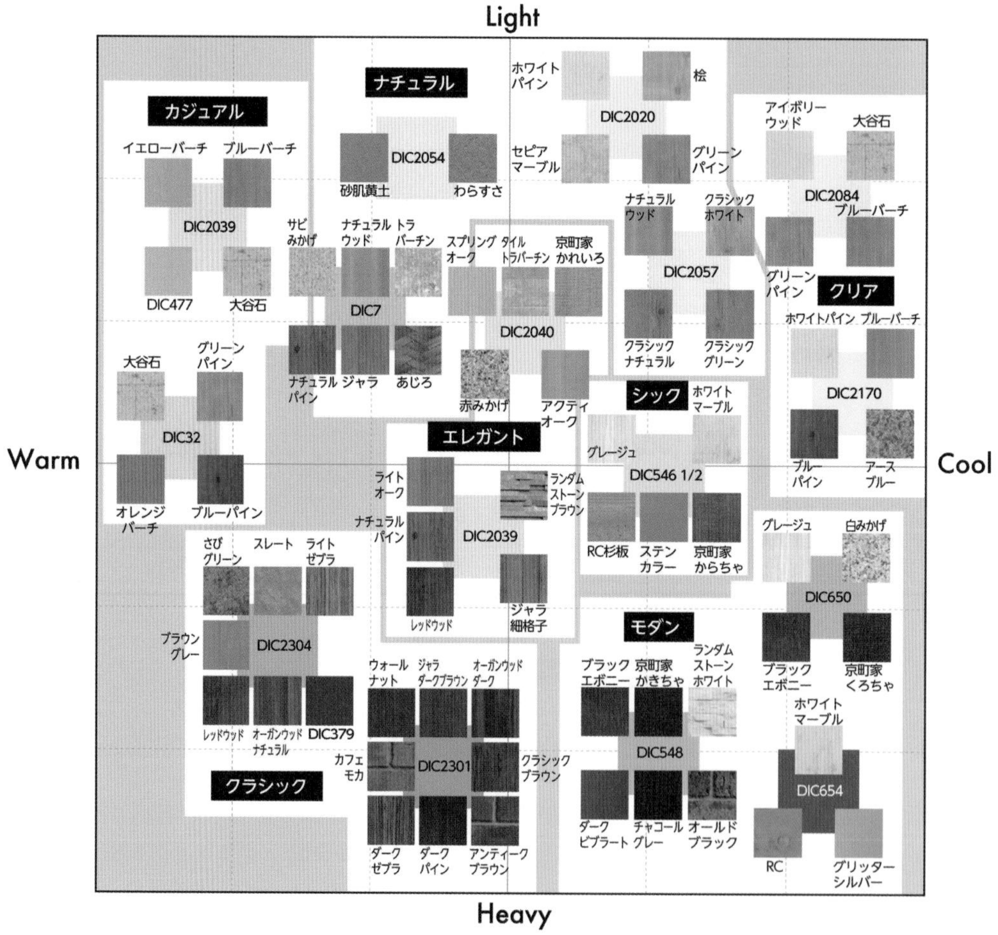

※基調色は、DIC(大日本インキ化学工業(株)の略、2008年にDIC(株)に社名変更)のカラーナンバーで示しました。※木調、石調、塗り壁調のカラーチップは、(株)タカショーのエバーアートボードを掲載しました。単調な色見本でなく、素材の質感も含めたカラーコーディネートを検討できます。※カラースケールは、(株)日本カラーデザイン研究所のカラーイメージスケールを参考にしました。

Section 7

ファサードデザインとカラーコーディネート

ここでは、門まわりの
「ファサードデザインとカラーコーディネート」の解説をします。
カラーコーディネートは、ナチュラルやカジュアルのように
イメージキーワードから想定されるカラースキムも掲載しました。
カラースキムとは色彩計画のことを意味しており
本書では各々のイメージキーワードの
カラーチップを4～6色程度を並べました。

1 イメージキーワードに合ったカラースキム

ファサードデザインとカラーコーディネートの解説に入る前に、カラースキム例を提案します。カラースキムは、エクステリアに合うイメージキーワード別に、いくつかのバリエーションをあげました。カラーコーディネートが苦手な方は、明るい色を基調色にすると色構成が容易になります。

明暗の調整は好みで行ってください。無彩色をプラスした組み合わせは問題なくなじみます。

強調色を入れる場合は、鮮やかで濃い色を選びましょう。

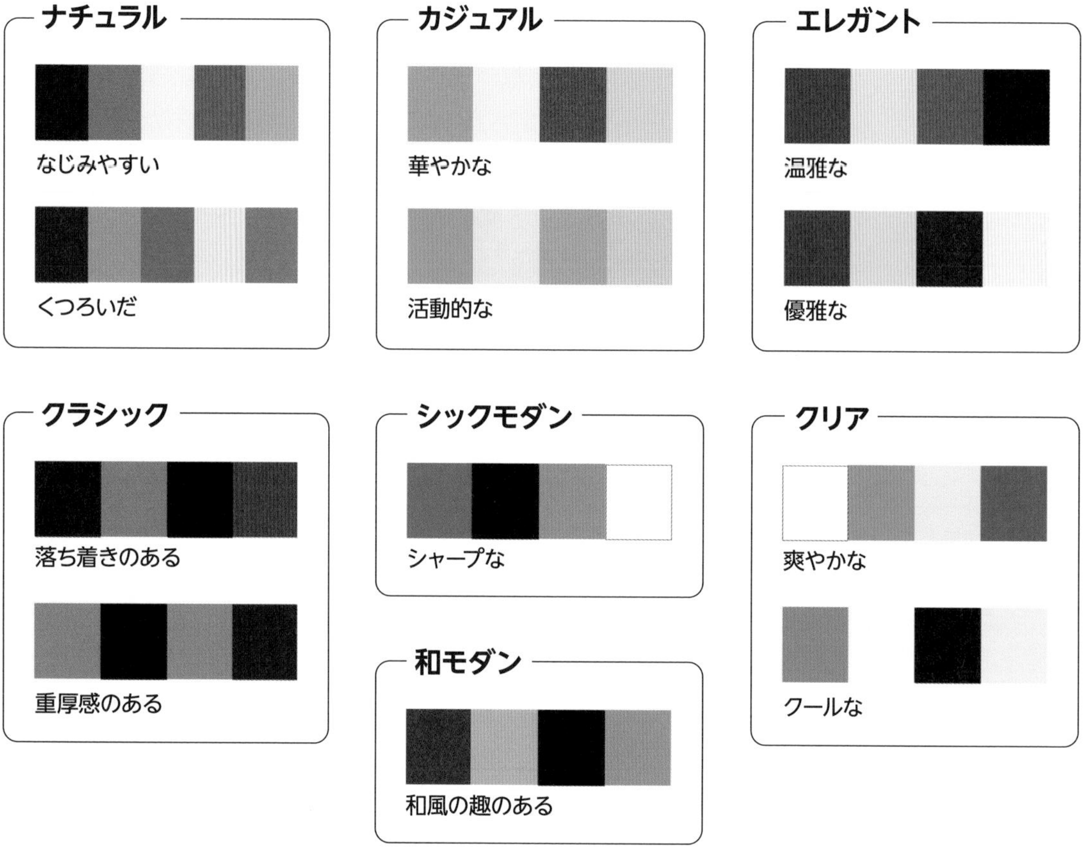

2 ファサードデザインとカラーコーディネート

ファサードのプランニングは駐車スペースとアプローチの配置しだいで、かなり変わってきます。ここでは、ファサードの東西南北入りのプランを想定して、それぞれのプランニングの特徴とイメージキーワードによるカラーコーディネートのポイントを平面図とパースで分かりやすく解説します。

ナチュラル　自然素材を使った柔和なイメージ

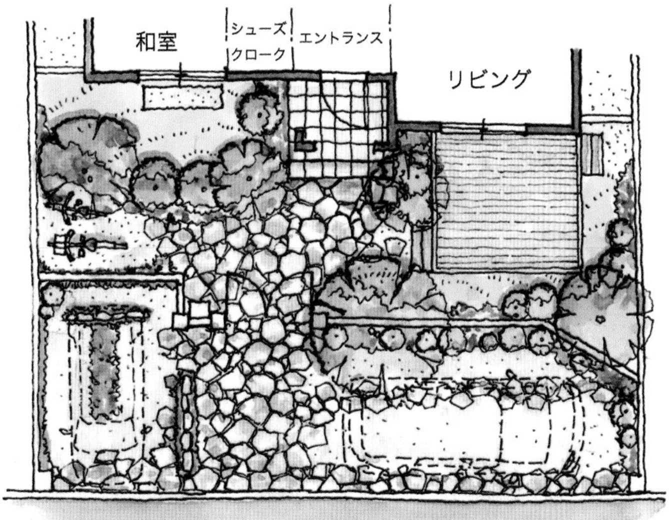

[平面図]
自然石と株立の植栽で自然なイメージ
南入り　クローズ　直角・平行駐車

N
0　1　2　3m

●プランニングのポイント

平行駐車は最も駐車スペースの面積を占めるところです。アプローチと駐車スペースを共有したデザインを考えましょう。自然石乱形貼りの配置はアプローチ動線のみでなく、駐車しやすいガイドになるように、機能を考慮したデザインにすることもできます。切り石を立てた車止めは、そのまわりをグランドカバーでおおい、柔らかく自然なイメージにしました。

●カラーコーディネートのポイント

ベージュ、さび石の色などのアースカラー系を基調にした柔らかいイメージにします。門柱や門袖は、塀よりも少し高めにし、門扉はこげ茶色系の木や木調にしてコントラストを出すことで、門構えとしてのステータス(象徴)を持たせました。

[パース]
暖色系のペールトーン（薄い色）の中に、こげ茶の門扉でワンポイントに

カラースキム

アースカラーといわれる黄色〜赤橙グループの暖色系でまとめます。ペールトーン（薄い色）の中に、こげ茶のワンポイントを入れてコントラスト（明暗）をつける。

ナチュラルモダン　自然素材を使ってシャープなイメージに

●プランニングのポイント

門構えは敷地が前面道路に接する部分全体に、木調ゲートを設置しました。リビングや和室前はスリット状の角材を並べて、半目隠し効果を出しました。斜め駐車は車の入出庫が楽になり、まわりの三角スペースには植栽や花壇を設けて景観に配慮。自転車置き場にすることもできます。

●カラーコーディネートのポイント

ナチュラルな木調の角材を使い、直線を強調したスリット状のフェンスやゲートにすることでシャープになり、モダンな印象になります。

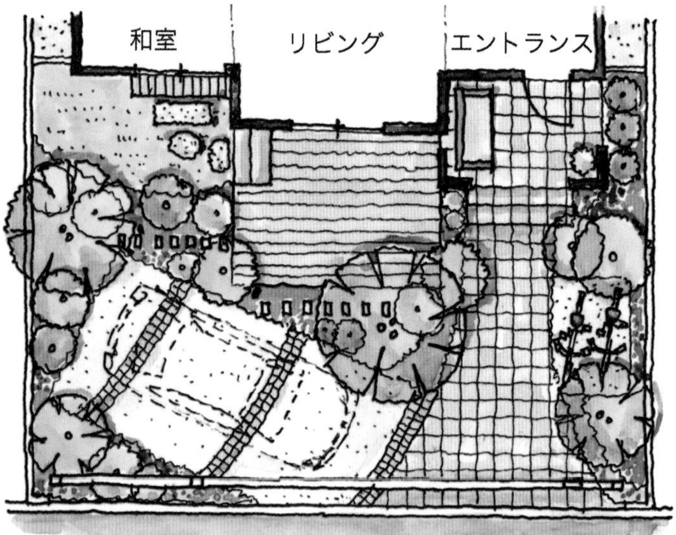

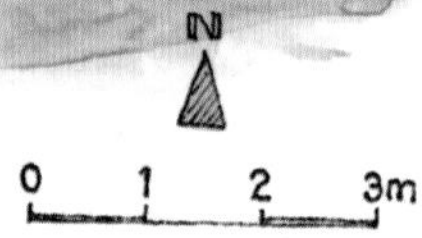

[平面図]
斜め駐車のまわりは
三角形の植栽スペースでナチュラルに
南入り　オープン　斜め駐車

[パース]
ゲートやスリット状のフェンスで
シャープさをプラス

カラースキム

黄色〜赤橙色グループの暖色系でまとめる。
角材などの素材を少し濃くしてシャープにする。

ナチュラルモダン　ユニバーサルデザインを取り入れたプラン

●プランニングのポイント

車いすの移動は、道路からウッドデッキを経由して部屋に入るとスロープの距離をかせげます。道路際はL型側溝の段差が分かるよう、濃い色のタイルにしました。機能門柱は高齢者の歩行に役立つ、つかまる手すりをデザインしました。スロープは1mごとにピンコロタイルの帯で距離感が分かります。

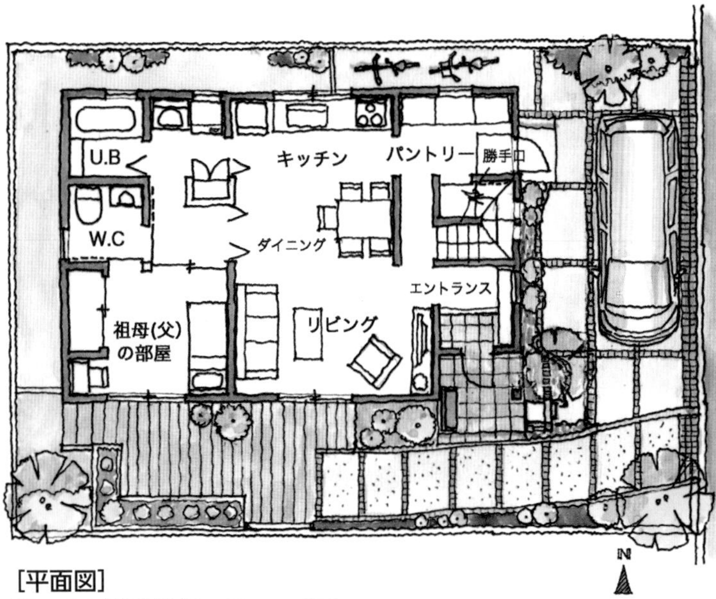

[平面図]
車いすの移動は長いスロープでデッキから部屋に入る
東入り　オープン　平行駐車

[パース]
機能門柱のデザインフレームも手すりに代用

●カラーコーディネートのポイント

自然に優しい木《もく》と石（ピンコロ）の質感と色の濃淡で、構成しました。玄関脇の壁に黄緑色のグリーンパネルをつけてナチュラル感を出しています。機能門柱は木とステンレスでモダンなイメージにしました。

カラースキム

黄色と橙色のグループの濃淡で構成します。白（住宅外壁）やグレー（スロープの洗い出し）などの無彩色となじみやすくなります。

エレガント　おだやかで優しいフェミニンなイメージ

●プランニングのポイント

門まわりはツルバラアーチをゲートにし、その右手は花台に使える門袖にしました。花鉢にモザイクタイルを張ったオリジナルポットで、すてきに飾りましょう。ハンギングも飾り、足元はハーブを植えて優しいイメージにしました。その右側花壇は縦横交互にレンガタイルを並べておしゃれにしました。季節ごとに花々を植えて楽しめます。

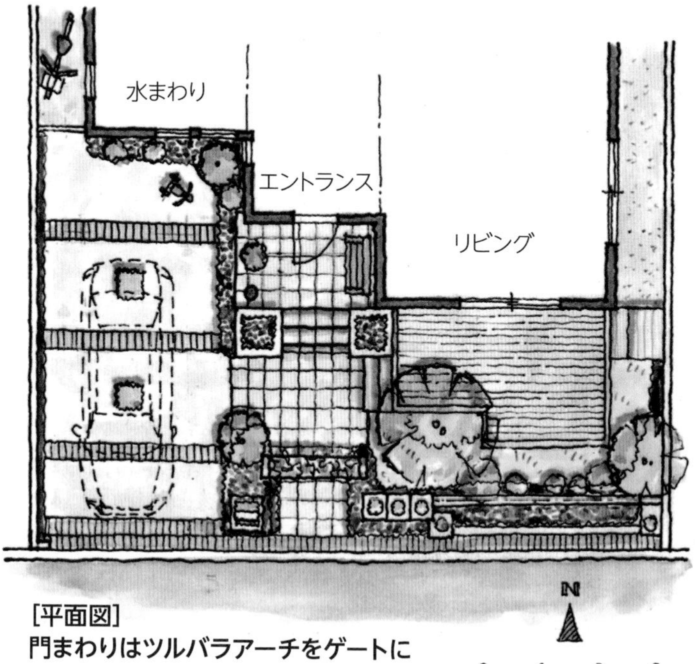

[平面図]
門まわりはツルバラアーチをゲートに
南入り オープン 直角駐車

●カラーコーディネートのポイント

ツルバラアーチをゲートにして、右手門袖の階段状の花台はベージュのコテムラ仕上げと笠木のレンガ、左手の銅板ポスト、床版はワインベージュでフェミニンなイメージを演出しました。

アクセントカラーは季節の花たちを主役にすることがポイントです。

[パース]
鉢物やハンギングで華やか

カラースキム

ベージュやワインベージュを基調色にし、赤茶色系の色をアクセントカラーにするとまとめやすくなります。

クラシック　落ち着きと重厚感のあるイメージ

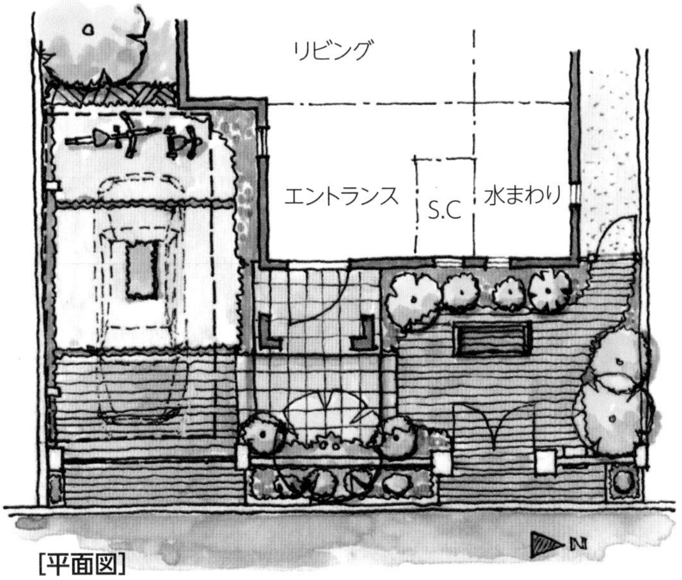

[平面図]
駐車スペースとアプローチ通路を左右に分ける
東入り　クローズ　直角駐車

●プランニングのポイント

駐車スペースとアプローチ動線を玄関ポーチの左右に分けることで、すっきりした扱いやすいプランになります。アプローチ通路のまわりに高・中・低木を配置して、安らぎとうるおいをつくります。

駐車スペースの奥に駐輪スペースを設ける場合は、車の出し入れの邪魔にならないよう、奥行きを1m程度長めに取り、自転車を整列駐輪できるようスタンドを設置すると、乱雑にならず便利です。

●カラーコーディネートのポイント

きっちりとした馬目地のレンガタイルの塀や花壇を赤茶色にして重厚感を出し、門扉は鉄さび色の板で引き締めました。塀のタイルや門扉の鉄さび板の重厚感、ゲートや柱などのフレームは思いきって明るいベージュ色の石調にし、お互いのコントラスト(明暗)ですっきりとした変化を出しました。

[パース]
ゲートとレンガタイルのコントラストでメリハリを

カラースキム

茶色系のコントラストや質感の違いで重厚感を出します。濃いグリーン系をアクセントにすると効果的です。

シックモダン　モノトーンのコントラストでシンプルなイメージ

●プランニングのポイント

四角いマッシブ(塊)な形状と直線でシャープにまとめたデザインです。駐車場はコンクリート打ち放しと洗い出しで変化をつけ、車の入庫がしやすいように、タイヤの軌跡部分をグレーのタイル帯にしました。門袖は玄関前の目隠しにもなります。

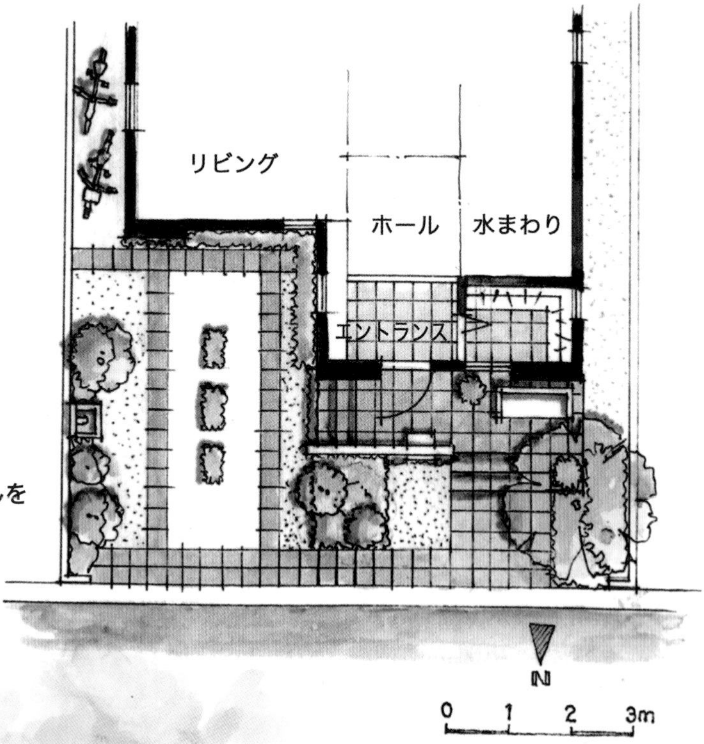

[平面図]
玄関前は門袖で目隠しを
北入り オープン 直角駐車

[パース]
ホワイト基調に、黒のくし引きやグレーの門袖のコントラストで変化を出す

●カラーコーディネートのポイント

住宅はホワイト基調、エクステリアはグレー基調のモノトーン(無彩色)で構成しました。住宅のボーダータイルは門袖の表札やインターホンまわりにも使用して、横線強調の質感で全体を統一しました。

カラースキム

モノトーンの色調は暖色系(黄みがかった色・左から3番目)や寒色系のグレーを上手にコーディネートし、植栽のニューサイランやオタフクナンテンなどの、エンジや赤色系をワンポイントにすると、おしゃれにまとまります。

クリア　清涼感のある爽やかなイメージ ［同じフォルムでカラーを変える］

●プランニングのポイント

シックモダン同様のデザインですが、駐輪スペースを門袖の後ろに設置しました。道路から自転車が見えず、きれいです。駐車スペースのセンターには、水やりの必要がないセダム類やその他の多肉植物を飾り、形や色を楽しみましょう。

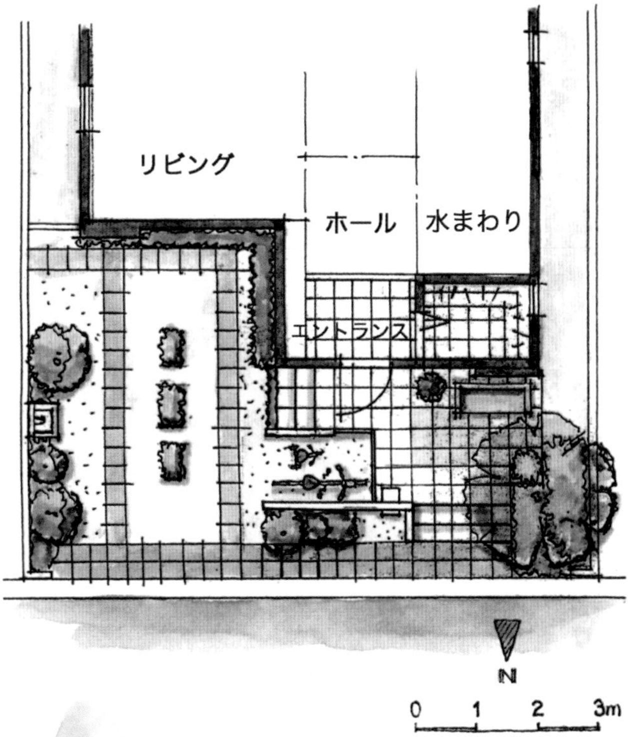

［平面図］
自転車置き場は門袖で隠す
北入り オープン 直角駐車

［パース］
ホワイトやアイボリー基調に、クール色をアソートやアクセントに

●カラーコーディネートのポイント

同じフォルムでもカラーコーディネートしだいでイメージが変わります。

アプローチは白をベースにペパーミント色のタイルで変化をつけました。クール系カラーはリゾート風イメージになります。住宅外壁や門袖の表札ボーダーは横板張りで統一しました。

カラースキム

白やアイボリー色をベースにして、クール系色をアソートやアクセントカラーで配色します。

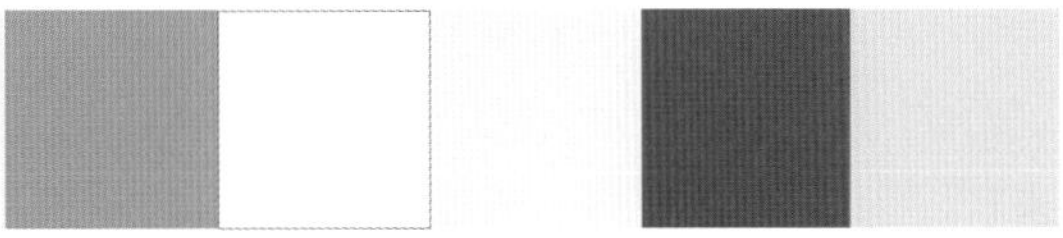

カジュアル　楽しく明るいリズミカルなイメージ

●プランニングのポイント

できるだけ南側にメインガーデンを配置したいため、北側に駐車スペースを設けることが理想です。アプローチは角材フレームで高いゲートをつくり、その左右のフレームは低くしてアプローチゲートを強調しました。ゲート下の親子門扉は斜めに配置して変化を出しました。

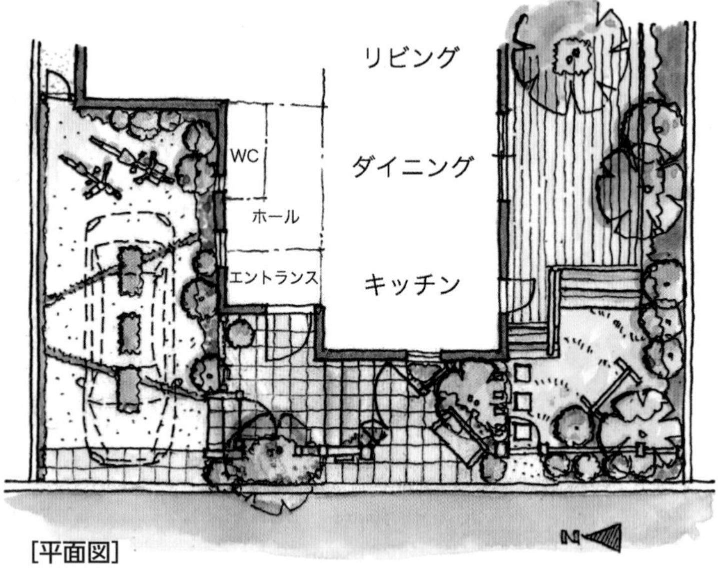

[平面図]
左右のフレームは低くしてゲートを強調
西入り セミクローズ 直角駐車

●カラーコーディネートのポイント

アプローチの高いゲートは濃いブルー系でシンボリックに、左右の低いフレームはオリーブグリーンで、緑に溶け込むように控えめにしています。門扉やフェンスはゲートなどのフレームが映えるようホワイトにし、清潔感も出しました。

アクセントカラーはポストの橙色やベンチのセルリアンブルー。

[パース]
左右のフレームは緑に溶け込むオリーブグリーンでゲートを印象づける

カラースキム

ホワイトやアイボリーをベースに、ビビットカラーを、アクセントにします。

Section 8

メインガーデンの植栽デザイン

五感でうるおう庭づくり

庭では木々のうるおいや草花の香りなど
五感でうるおうシーンをたくさんつくることができます。
人は心や身体が安らぐことで
自然と笑顔になり健康へとつながっていきます。
そんな「健康になる庭」をクライアントに提案してみましょう。
視覚、聴覚、嗅覚、味覚、触覚の5つをテーマに
みんなが健康で幸せになるためのガーデンづくりを紹介します。

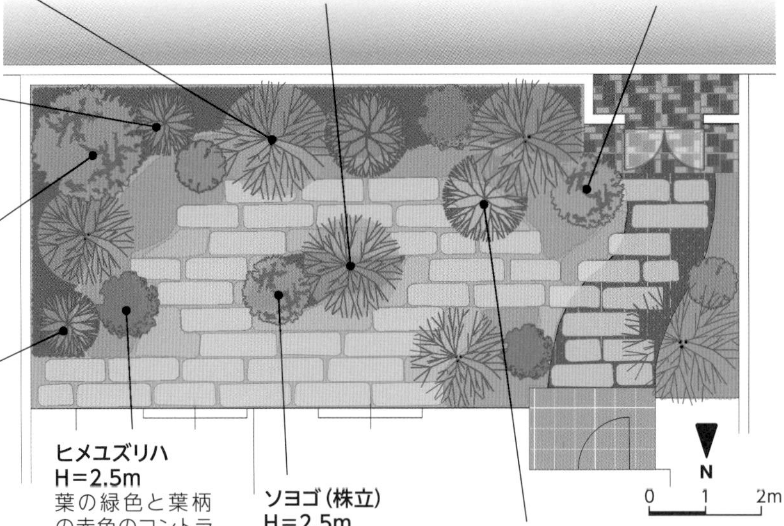

視覚
雑木の庭

リビングから庭を眺めるイメージ。株立木々を多く植栽し、庭の奥へ行くにつれて樹高を上げ、野山の中にいるような風景をつくります。新緑、紅葉それぞれの木々の葉が美しく色づいていく様子が楽しめます。

聴覚
ウォーターガーデン

鳥たちは実のなる木を目当てに集まり、カスケードのまわりに遊びに来るようになります。テラスに出向くと、水の流れる音、水辺に集まる鳥たちの鳴き声が聞こえます。風が吹くとソヨゴやフウチソウなどの葉のすれ合う音で安らぐ植栽を配置し、鳥の鳴き声や木々の心地よい音色で癒される空間を演出できます。

H＝1.0～0.6m
アオキ、ニシキギ、マユミ、マホニア コンフーサ、シルバープリペット

H＝0.5～0.3m
コクチナシ、ロニセラ、ビブルナム

下草
フウチソウ、クリスマスローズ、ツワブキ、コクリュウ

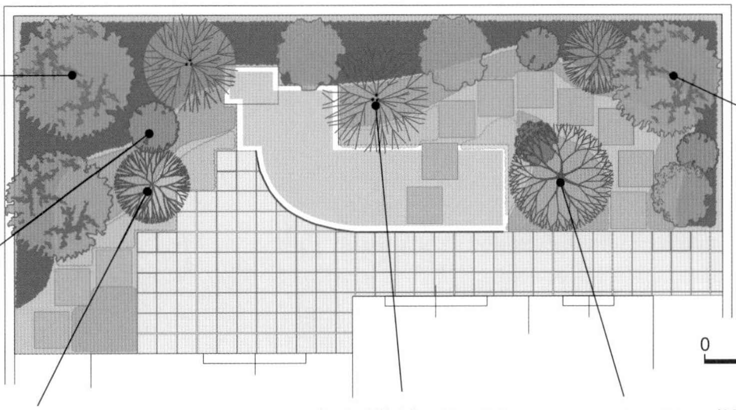

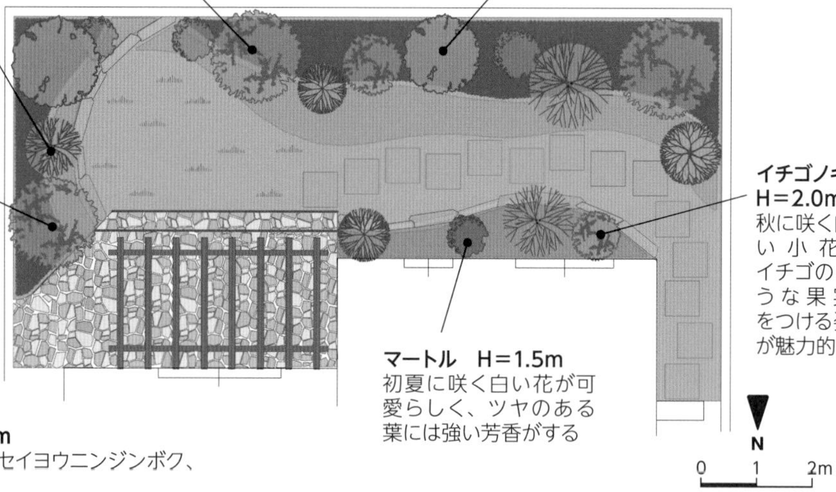

H＝1.0～0.6m
ローズマリー、セイヨウニンジンボク、ビブルナム

H＝0.5～0.3m
ラベンダー、ロニセラ、コクチナシ、ウェストリンギア

下草
カレックス、イヌツゲ、タイム、ハニーサックル

嗅覚
南仏ガーデン

庭でのくつろぎは、植物の清々しい香りが漂うことで気持ちが安らぎます。ハーブ系の植物をメインにして南仏原産の植栽でまとめてみましょう。飛び石周辺の足元にもしっかりハーブを植え込み、ほのかな香りが漂うことで安らぐ空間になります。

味覚
ハーベストガーデン

野菜や果実の収穫を楽しむガーデンです。ウッドデッキスペースを大きくとることで、自分で育てた野菜たちを調理し、親せきや知人を呼んでホームパーティーやディナーができます。庭全体に多様な果樹を植栽し、四季を通して収穫や実のおいしさを楽しみましょう。

H＝1.0 ～ 0.6m
ローズマリー、マホニアコンフーサ、シルバープリペット

H＝0.5 ～ 0.3m
ヒメシャリンバイ、ビブルナム、ウェストリンギア、セイヨウイワナンテン

下草
アベリア、カレックス、ノシラン

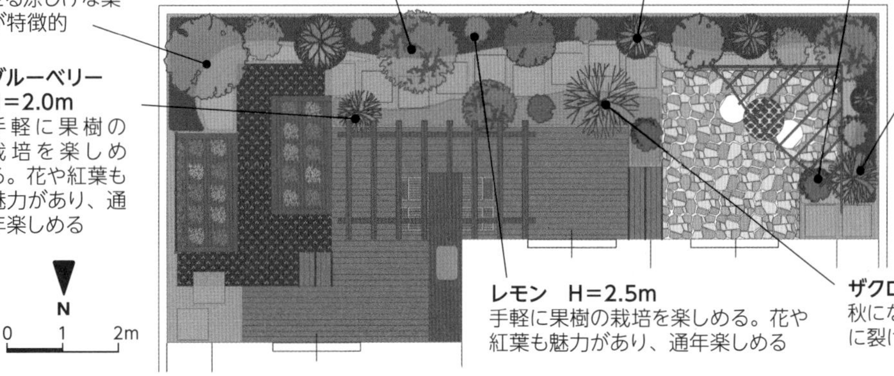

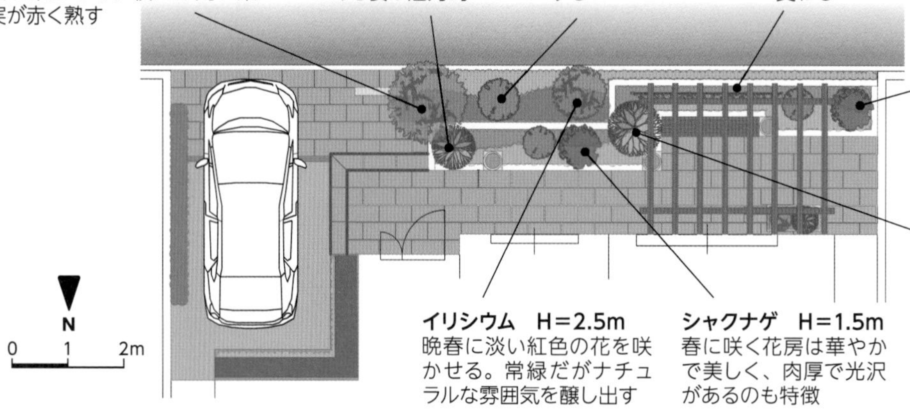

H=1.0～0.6m
マホニアコンフーサ、シルバープリペット

H=0.5～0.3m
コクチナシ、ヒメシャリンバイ、ビブルナム、ジンチョウゲ

下草
ノシラン、クリスマスローズ、フッキソウ、ツワブキ

触覚
フラワーガーデン

狭いスペースでも立体的な植栽で花や緑を楽しめる工夫をしてみましょう。床版の舗装は平板を敷き、植栽帯であるプランターを道路沿いに設置して、庭に華やかさを添えます。下草植え込みの空いたスペースには、四季を通して一年草などの花を植栽するのも楽しみのひとつになります。

各ガーデンプランに掲載した**植栽リスト**です。樹形や葉の形、特徴などを参考にしてください。

●視覚・雑木の庭

ヤマボウシ 落葉高木
ミズキ科 サンシュユ属
日本・中国原産　花期5〜7月
新緑、花、果実、紅葉と通年楽しめる

ナナミノキ 常緑高木
モチノキ科 モチノキ属
日本・中国原産　花期10月頃
赤い実をつける常緑樹だが、明るい葉色

ハウチワカエデ 落葉高木
カエデ科（ムクロジ科）カエデ属
日本原産
色とりどりに紅葉する姿を楽しめ、また自然樹形が美しい

アセビ 常緑低木
ツツジ科 アセビ属
日本・中国原産　花期2〜4月
枝先に白い小花を吊り下げる姿が美しい

ジンチョウゲ 常緑低木
ジンチョウゲ科 ジンチョウゲ属
中国原産　花期3〜4月
早春に香りのよい花を咲かせる。枝先に手まり状に集まって咲く

ツワブキ 多年草（常緑）
キク科 ツワブキ属
日本・中国原産　花期10〜12月
葉はツヤがあり美しく、日陰に強く冬でも緑を楽しめる

●聴覚・ウォーターガーデン

ハクモクレン 落葉高木
ハクモクレン科 ハクモクレン属
中国原産　花期4月頃
春に株いっぱいに花を咲かせる。上品な色の花が美しい

エゴノキ 落葉高木
エゴノキ科 エゴノキ属
日本原産　花期5〜6月
釣り鐘状にぶら下げたように白い花を咲かせる

アオキ‘フイリ’　常緑低木
ミズキ科 アオキ属
日本原産　日陰に強い。クリーム色の斑や斑点が入った葉などの品種が多い

ロニセラ‘ニティダ’ 常緑低木
スイカズラ科 スイカズラ属
中国原産
枝は匍匐状に伸びる。春の新芽と柔らかな樹形が美しい

クリスマスローズ 多年草(常緑)
キンポウゲ科 クリスマスローズ属
ヨーロッパ原産　花期1～4月
冬の時期に花を咲かせ庭を彩る。八重咲きの品種もある

フウチソウ 多年草(落葉)
イネ科 ウラハグサ属
日本原産
ボリュームのある株で、風が吹くと涼しげな葉音が聞こえる

嗅覚・南仏ガーデン

メラレウカ 常緑高木
フトモモ科 コバノブラシノキ属
オーストラリア原産　花期4～6月
別名ティーツリーとも呼ばれる。柔らかで繊細な枝葉をもち、ほのかに爽やかな香りがする

スモークツリー 落葉高木
ウルシ科 ハグマノキ属
ヨーロッパ原産　花期6～8月
花後にふんわりとした花穂をつける姿が魅力的。秋の紅葉も楽しめる

マートル 常緑中木
フトモモ科 ギンバイカ属
地中海沿岸原産　花期5～7月
初夏に咲く白い花は、細長い糸のような雄しべである。葉をもむと、強い芳香がする

ラベンダー 常緑低木
シソ科 ラベンダー属
地中海沿岸原産　花期4～7月
葉の緑と鮮やかな花色とのコントラストが美しい。心地よい香りに癒される

ウェストリンギア 常緑低木
シソ科 ウェストリンギア属
オーストラリア原産　花期4～10月
花や葉がローズマリーに似ているが、枝が柔らかで繊細な姿が特徴

カレックス‘エベレスト’ 多年草(常緑)
カヤツリグサ科 スゲ属
広範囲の地域に分布。細長いラインの葉が美しい。緑葉から黄緑色、銅葉など品種が豊富

味覚・ハーベストガーデン

オリーブ 常緑高木
モクセイ科 オリーブ属
地中海沿岸原産
シルバーがかった葉色が魅力的。11月頃に完熟した実を食用に料理などで使う

ザクロ 落葉高木
ザクロ科 ザクロ属
ヒマラヤ原産　花期6月頃
鮮やかな橙色の花を咲かせる。実は熟すと自然に裂け、生食できる

イチゴノキ 常緑高木
ツツジ科 イチゴノキ属
地中海原産　花期11～12月
晩秋にアセビに似た小花を咲かせる。果実は翌年の晩秋に成熟する

ブルーベリー 落葉低木
ツツジ科 スノキ属
北米原産　花期4～5月
花や紅葉も魅力があり、手軽に果樹の栽培を通年楽しめる

ローズマリー 常緑低木
シソ科 マンネンロウ属
地中海沿岸原産　花期2～10月
葉は独特な爽やかな香り。立ち性、匍匐性の品種もある

カレックス'オシメンシス' 多年草（常緑）
カヤツリグサ科 スゲ属
広範囲に分布。細長いラインの葉が美しい（P.70下段参照）

触覚・フラワーガーデン

ヤマボウシ'ホンコンエンシス' 常緑高木
ミズキ科 ミズキ属
中国原産　花期6月頃
花と紅葉を楽しめる。秋には、丸い果実が赤く熟す

ミケリア'マウダイエ' 常緑高木
モクレン科 オガタマノキ属
中国原産　花期3～4月
花はモクレンに似た芳香がする。葉はゴムの木のような皮質で厚い

シャクナゲ 常緑低木
ツツジ科 ツツジ属
北半球広域に分布　花期4～5月
春に咲く大きな花房は華やかで、美しく、肉厚で光沢ある葉も特徴

ノリウツギ 落葉低木
アジサイ科 アジサイ属
日本・中国原産 花期7～9月
円錐形の花房をもつのが特徴。アジサイより開花は遅く、夏の時期に咲く

テイカカズラ 常緑性
キョウチクトウ科 テイカカズラ属
日本•朝鮮半島原産
花期5～6月
白色の花は甘く香り、咲き進むとクリーム色へと変わる

コクチナシ 常緑低木
アカネ科 クチナシ属
中国原産 花期6～7月
クチナシより一回り小さい。芳香があり、横に広がるように分枝する

その他の植栽

上記以外に参考になる植栽をあげました。この限りではありませんが、参考にしてしてください。 ＊は東北地方（盛岡周辺）の寒冷地でも育つ植栽です。

常緑類

常緑高木
アカエゾマツ＊、イジュ、イリシウム‘ヘンリー’、ソヨゴ株立＊、リンボク、ナリヒラダケ

常緑中木
コニファー類、キンモクセイ、サザンカ、ツバキ類、セイヨウヒイラギ＊、ユズ

常緑低木
アオキフイリ、アベリア‘カレイドスコープ’、イヌツゲ‘ゴールデンジェム’＊、シルバープリペット、ツルシキミ＊、ノシラン、ビブルナム‘ティヌス’、ヒメシャリンバイ＊、マホニアコンフーサ＊

落葉類

落葉高木
アオダモ、イロハモミジ、エゴノキ＊、ジューンベリー＊、ナツハゼ＊、ヒメシャラ

落葉中木
プルヌス‘ベイリーズセレクト’、ムクゲ

落葉低木
ニシキギ‘コンパクタ’＊、ビョウヤナギ、ムラサキシキブ、ユキヤナギ、レンギョウ

草花類

一年草
インパチェンス、ノースポール、ビオラ、

多年草
アリッサム、カレックス‘エベレスト’、ノシラン、マツバギク＊、バーベナ、メキシコマンネングサ（一年草あり）

ハーブ類
ローズマリー、セージ、ミント

球根
クロッカス、スイセン、ユリオプステージー、ムスカリ

Section 9

家と庭をトータルに
コーディネート

住宅様式とファサードデザイン

住宅+エクステリア&ガーデンは
トータルにコーディネートして
敷地全体を統一したデザインにすることで
景観美につながります。
そこで住宅デザイン様式の概念と
住宅にぴったりのエクステリア&ガーデンデザインプラン、
カラーコーディネートの提案をします。

1 和風

食事は寿司、食器は焼き物、ガーデニングは盆栽から日本庭園まで、日本文化は世界的に大人気になりました。建築・エクステリア業界でも「和風」や「和モダン」が人気です。

住宅デザインの特徴

日本人にとって、いつの時代も飽きのこないデザインが「和風」です。歴史を感じさせる伝統的な和風感覚で樹木や石などの自然素材に合う、落ち着きのあるデザインが特徴です。本来の和風住宅は柱と梁で構成された在来工法が基本で、柱や梁を見せる真壁工法やそれらを隠す大壁工法があります。例えば、室内では和室は真壁、洋室は大壁になります。

写真のように、屋根の種類も切妻《きりづま》や寄棟《よせむね》、入母屋《いりもや》などがあります。門をかぶるように松を配することも、和風ならではの特徴です。

ここ数十年では、住宅は片流れや寄棟などで「和モダン」のイメージが多くなってきました。

また、最近では、定年で年金生活を送る方々に人気のある「平屋」も見かけるようになりました。子どもも大きくなり自宅を出て行ったあと、夫婦2人で住むには手ごろな広さで生活できる便利な住まいが平屋です。その反面、2世帯住宅や核家族の家庭も増えています。

和風住宅では代表的な切妻

寄棟の瓦屋根

入母屋と門かぶりの松

住宅の素材とカラーコーディネート

和風住宅の代表的な素材は、切妻の瓦屋根、白の漆喰《しっくい》の真壁、木の建具、円柱で支えられた下屋《げや》があげられます。外壁の腰壁や玄関まわりは、御影石などで高級感を演出します。玄関ポーチやアプローチタイルは正方形で45°に貼り、細い縦格子やグリッド状の格子が似合います。色彩は、白、グレー、黒などのモノトーンですが、ベージュ、茶系なども緑と合います。

エクステリアデザインとカラーコーディネート

木、石、緑などの自然素材で構成されたデザインが、全体の統一感をつくり出します。舗装部分は御影石、ピンコロで、塀は細かい粒の吹付けや、予算があれば腰部に石貼りで高級感を演出できます。石の大きさがさまざまな乱形張り、形が決まっている方形貼りなどがあります。大理石は高級感がありますが、屋外での使用はやめましょう。大理石は変成岩で、炭酸カルシウムを主成分にしているため、酸性雨に触れると二酸化炭素を放出して表面が風化してしまうためです。

白や黄色の花などの植物も添えて、なごやかさもプラスしましょう。

「和風」に合う植栽

和風を感じさせる独特なもので、「門かぶりの松」という枝を、左右のどちらかに伸ばし、門の上に伸ばした松があります。松は神が宿るとされ、お正月は門松を飾り、神様をお迎えするための目印として尊ばれてきました。高木は雑木風に似合うエゴノキ、ソヨゴ、ヒメシャラ、シラカシ、秋の彩りを添えるイロハモミジ、新芽の紅葉がきれいなクロガネモチなど、中・低木はエビネ、ツワブキ、フイリヤブラン（P37参照）、コグマザサ、トクサなどが和風を代表する植栽です。

住宅+エクステリアデザインのカラーコーディネート

西入り・セミクローズスタイル・平行駐車のデザイン例です。

住宅は切妻の大屋根で、エントランスには丸柱を支柱にした下屋を設けました。エクステリアは縦格子の門扉、フェンス、下屋とリビングやエントランスの室内外からでも見える坪庭で、和風感を出しました。塀は腰壁が御影石の方形貼り、上部は白の吹付け、笠木は瓦を使いました。アプローチ舗装も御影石にし、駐車スペースは土間コンクリートですが、車の入庫をしやすいようにタイヤの軌跡部分は御影石にしました。

[平面図]
御影石とコンクリート洗い出しの舗装

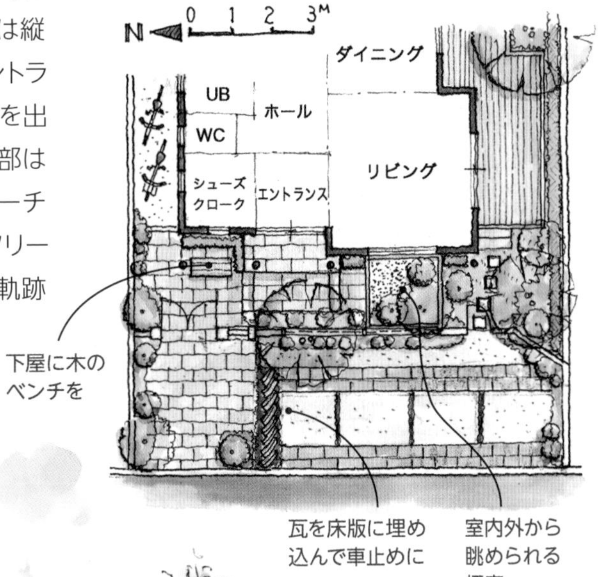

[パース]
白と植栽の緑で清潔感のあるファサード

2 和モダン

このところ世界的な和風ブームの中、住宅やエクステリア業界では「和モダン」が人気です。モノトーンの中に和のデザインを加えることで品のよい和モダンが生まれます。

住宅デザインの特徴

深い歴史のある和風や日本庭園は、建築やエクステリアデザインの中でも最もデザインが難しいところです。ところが、和風や日本庭園の写真をベースにして、現代風にアレンジしたデザインであれば上品に提案できるのが、和モダンではないでしょうか？

素材は和風同様に、石や木などの自然素材とアルミなどの金属を組み合わせます。石貼りは正方形のものや、タイルは芋目地がフィットします。

住宅の素材とカラーコーディネート

10年ほど前までは、コンクリート打ち放しや白壁をベースに、アルミやスチールなどシルバー色の金属と木を組み合わせるデザインが多かったようですが、最近では、モノトーン(白から黒のグラデーションの配色)のカラーコーディネートをよく見かけるようになりました。京町屋の建具をイメージした糸屋格子などの黒い縦格子や横格子、障子のようなグリッド格子を取り入れると、和モダンイメージが強調されます。

エクステリアデザインとカラーコーディネート

エクステリアも住宅共通で、モノトーンのカラーコーディネートが多いようです。例えば、グレーや黒の御影石の舗装や、黒の細い縦や横格子のフェンス、白御影石やコンクリート仕上げのささら桁階段風、障子をイメージした、乳白のポリカーボネート製にグリッド状黒格子付きパネルなどの商材もあり、さまざまです。また、道路側の敷地境界際には、ゴロタを並べておしゃれにしているケースもあります。

「和モダン」に合う植栽

右：マホニアコンフーサ　左：オタフクナンテン

黒い吹付けやタイル仕上げの住宅外壁や塀などの前に樹木を植える場合には、イロハモミジなどの明るい葉の落葉樹を選ぶことをおすすめします。春先は黄緑色の葉、秋は紅葉が引き立ち、和の趣を演出できます。中低木は細い葉のマホニアコンフーサや斑入りヤブラン。日陰に強い斑入りアオキ。低木は黄色い花が印象的なツワブキや、紅葉のきれいなオタフクナンテンも現代風の和を演出できる植栽です。

また、常緑のサルココッカは成長が遅いので手入れが楽なことや、春には香りのよい白花が咲き、冬は赤紫の実がなるので、モノトーンの色構成にはおすすめです。その他、ニューサイランなどのエンジ色の植栽はワンポイントで引き立ちます。

手前：黄色い花のツワブキ
後ろ：黄色の実のセンリョウ

住宅+エクステリアデザインのカラーコーディネート

東入り・オープンスタイルのデザイン例です。

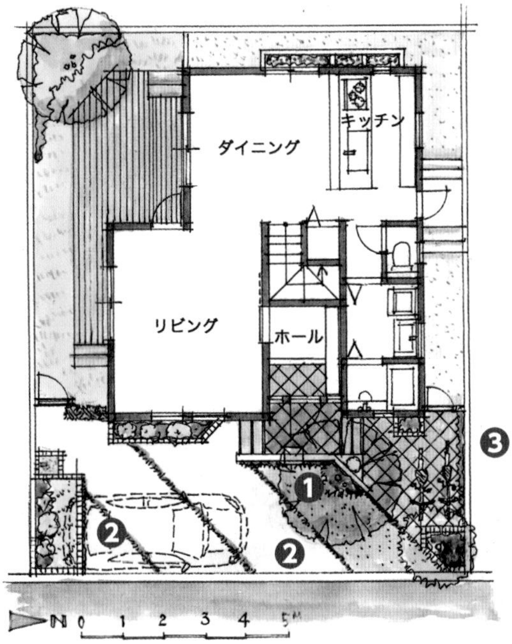

[平面図]
45°の門袖と
地被でモダンな
イメージ

❶ 玄関まわりはステータスに

玄関の目隠しにもなる45°方向に折れた門袖と、その右手のシンボルツリーで、玄関まわりを象徴的に演出しました。門袖は住宅の2階外壁の腰部に合わせた、横格子と白の吹付け仕上げで色も合わせました。45°方向に張ったグレーのアプローチタイルも、和の高級感を演出します。

❷ 退屈しない駐車スペースの床版デザイン

駐車場の床版は見栄えが単調にならないよう、折れた門袖の45°方向に合わせて草目地を入れました。床版はコンクリート打ち放しをベースに、門袖まわりはコンクリート洗い出しにし、高級感を出しました。植栽スペースが広くなる車止め花壇もおすすめです。

❸ 全面道路から見えにくいサイクルポート

門袖前に自転車を止めないよう、道路際の植栽の奥にサイクルポートを設けました。植栽を上手に配置して、景観上の配慮もしています。例えば春先の紅葉のベニカナメモチ、秋は黄葉のカツラなどで季節のきれいな彩りを添える配植もすてきです。

[パース]
住宅と門袖は白い壁と
黒の横格子で統一

3 スカンジナビアン［北欧風］

スカンジナビアン様式は、スウェーデン、ノルウェー、デンマークなどのスカンジナビア半島周辺地域で生まれた住宅様式です。デンマークで「ヒュッゲ：Hygge」という「人と人のふれあいから生じる温かく居心地のよい時間や空間」を意味する言葉があり、日本でも、すてきな生活感が人気を集めています。国連が発表した世界幸福度ランキング2021、2022ともに、1位にフィンランド、2位にデンマークが選ばれています。

住宅デザインの特徴

スカンジナビア地方の冬場は-30度以下になることもあり、気密性、断熱性に優れた自然環境から生まれた住宅です。自然素材を活かした木質の外観や内観が特徴です。外観は南側バルコニーを大きく取り扱い、手すり壁や立て子を木《もく》にしています。室内の板壁などは日本でも人気があります。

住宅の素材とカラーコーディネート

外観デザインは全体が木質系のイメージです。例えば1階が吹付け、2階は縦板張りや横板張り、または全て板張りなどハウスメーカーによってさまざまです。また、木質の階段やバルコニーの手すりや手すり子など、特徴のあるデザインでおしゃれにしています。屋根は黒や濃いグレー色と切妻の大屋根で、どっしりとした落ち着きを出しています。

エクステリアデザインとカラーコーディネート

エクステリアは住宅に合わせて、木デッキや木手すり、木フェンスで、まとまりのあるデザイン構成が魅力です。基礎の立ち上がりや駐車場の床版など、一部でもよいので石貼りや枕木などの自然素材の仕上げにすることで、ナチュラルな統一感が生まれます。

「スカンジナビアン様式」に合う植栽

ドイツトウヒ

北欧で代表的な樹木はコニファー類です。例えば高木は、トウヒ類などの針葉樹。中木はコニファー類や落葉樹の株立と合わせてみましょう。低木や地被はハイビャクシン、フィリフェラオーレア、セイヨウイワナンテン、ヤブラン、フッキソウ。草花類はヒマラヤユキノシタ、アリッサム、マツバギクなどが耐寒性に強く、高原イメージを華やかにしてくれます。

アリッサム

フイリヤブラン

住宅＋エクステリアデザインのカラーコーディネート

東入り・クローズスタイルのデザイン例です。住宅外壁は色みの無い白をベースに、玄関まわりや中央部分の1階と2階部分は縦板張りでコテージ風に仕上げました。エクステリアのアプローチ舗装や門扉、フェンスを自然素材の木《もく》、駐車場の床版はコンクリート洗い出しに枕木を並べて、住宅とエクステリアを自然風に統一しました。

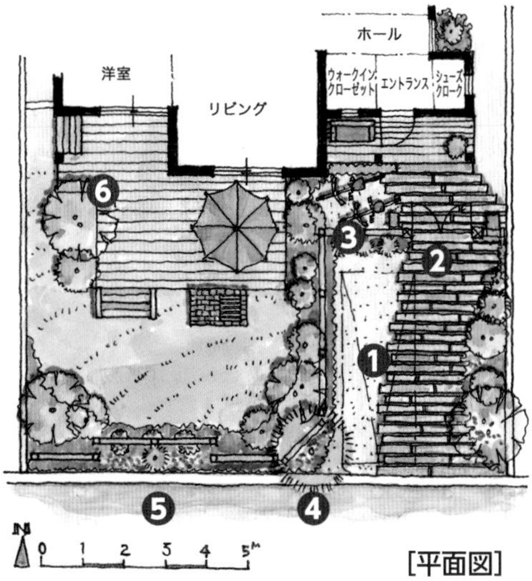

[平面図]
枕木と木の門扉で自然風に

❶ 自然素材を活かした駐車スペース併用のアプローチ

全面道路から門扉に向かうアプローチ舗装は、ランダムな長さの枕木と草目地で駐車スペースと併用しました。

❷ 木製の門扉とフェンスで手づくり風に

門まわりは木製の門扉とフェンスで自然風に統一しました。門扉の左手はコニファー類の中木とクサソテツやヤブラン、多年草の花々で四季がうるおうように植栽しました。右手にはポストと宅配ボックスも設置しています。

❸ 門まわりから見えにくいサイクルポート

サイクルポートは通行の邪魔にならないよう門扉の左に配置し、駐車場からは自転車が見えにくいように、コニファー類を植えました。

❹ シンボルツリーは北欧らしい針葉樹で

主庭の右手はシンボルツリーのドイツトウヒを植え、12月はクリスマスツリーを飾ると雰囲気を味わえます。また、夏場が涼しい環境では、前面道路の駐車場右手はシラカバを植えると高原風のイメージになります。

❺ ハンギングが飾れるデザインウォール

主庭の前面道路際は、スノコ状のデザインフェンスを設置し、足元は草花類とセンターにコニファー類。デザインウォールの両脇はハンギングバスケットで季節の花々を飾ります。

❻ 西日を遮る落葉樹

木デッキの左脇には落葉樹を植え、夏場は西日を遮り涼しく、冬場は日が差しデッキや室内を暖かくします。

[パース]
木と緑でナチュラルなイメージ

4 スパニッシュ［南欧風］

スパニッシュ様式は、ヨーロッパの地中海を舞台にしたスペイン南部に生まれた住宅です。この様式はスペイン人によって、アメリカのフロリダやカリフォルニアにも伝えられました。これはスペインが南北アメリカ大陸を植民地にしていたことや、地中海式住宅はカリフォルニアやフロリダの風土が理想的であったためです。

住宅デザインの特徴

スパニッシュ様式の住宅は、プロバンスというヨーロッパの地中海地方で生まれ、南欧風とも呼ばれています。スパニッシュ瓦の切妻屋根、白いコテムラの外壁、アーチ形状の開口部、アイアンの装飾が印象的です。室内のような中庭は日差しで明るく素朴で開放感のある空間です。

住宅の素材とカラーコーディネート

ホワイト基調の柔和な壁と、それに添えたオレンジ色の屋根が映える、温かみのあるフォルムと色調です。素材のメインはコテムラの白壁、黄橙や橙色の暖色系のスパニッシュ瓦の屋根です。ホワイトサッシ、黒いアイアンの妻飾りや面格子でおしゃれに構成。赤橙色系のテラコッタタイル仕上げにした玄関ポーチは、カジュアルな可愛らしさがあります。

エクステリアデザインとカラーコーディネート

白いコテムラ仕上げの塀にスパニッシュ瓦やレンガの笠木を合わせ、アイアンの門扉と表札で装飾性を演出しています。レンガ積みの花壇やアーチ形状の開口部にレンガを貼るなどおしゃれなデザインもあります。

「スパニッシュ様式」に合う植栽

植栽で人気のあるオリーブが似合います。生長するにつれて枝が垂れ下がり樹形が整いにくくなるので、1年に2回ほど剪定をして樹形を整える必要があります。また、実のなるジューンベリーの秋の紅葉や、初夏から夏にかけて垂れ下がる赤花がきれいなサルスベリも、白壁をバックに映えそうです。

低木は白や黄色の斑入りのプリペットや、ラベンダーなどのハーブ類で、足元を柔和なイメージにまとめます。お互いに生長が早いので、間引き剪定などのお手入れが必要です。

オリーブ

プリペットと白花

住宅+エクステリアデザインのカラーコーディネート

門まわりを挟んで左手が駐車場、右手がメインガーデンの南入りクローズスタイルのデザイン例です。

[パース]
白い塀はレンガの笠木で
住宅とトータルコーディネート

[平面図]
駐車スペースとアプローチを
一体化

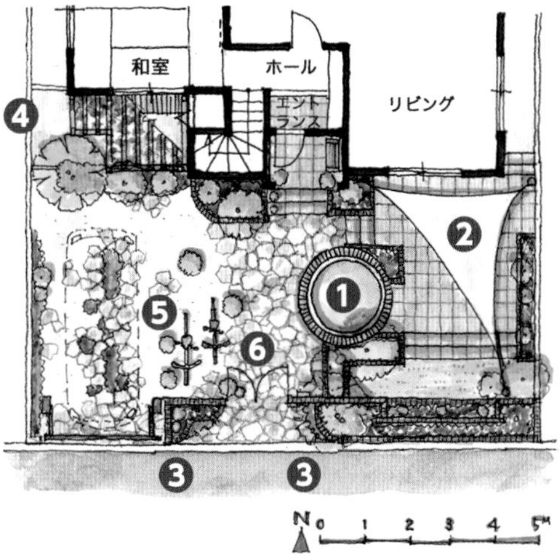

❶ 円形の池と噴水は水のオブジェ

乱形石貼り仕上げ舗装の踏込からアイアン門扉を通り抜けると、右手に円形の池と噴水が見えます。これはメインガーデンのテラスからも眺めることができ、水のオブジェとして地中海の雰囲気を感じさせます。白い池の縁のまわりのレンガはベンチにも使用できます。

❷ おしゃれなシェードでくつろぐテラス

橙色のテラコッタタイルのテラスで、お茶や食事も楽しいものです。夏場は暑い日差しを遮る三角シェードを取り付けます。

❸ 塀の笠木や二段植栽の花壇はレンガで

門袖にある両脇の花壇は上段が低木、下段が地被の二段植栽にして花壇の広がりを演出。塀は白っぽいベージュ色、笠木はレンガで住宅との統一感を出しました。

❹ 和室前の濡れ縁上部はパーゴラを設置

和室前の庭は木製の濡れ縁を、その上部には木製パーゴラを設置しました。夏はブドウ、秋はキウイなどを収穫し、縁側でフルーツを食べる楽しみができます。

❺ 駐車場やサイクルポートは地被や花鉢でおしゃれに

サイクルポートを配置する場合は、車の入出庫の邪魔にならないように境界を花鉢で飾ります。駐車場はセダム類などの多肉植物を配植すれば、自然の雨水のみで水やりの必要がありません。

❻ 両開き門扉の片方は鉢物で飾る

親子開きや両開きの門扉は、普段は片方の門扉しか使わないものです。開けない門扉はきれいな花鉢を飾って門まわりをすてきに飾りましょう。

5 チューダー［英国風］

チューダー様式は16世紀イギリスのチューダー王朝時代から始まり、17世紀初頭にかけて出来上がった住宅様式です。ヨーロッパの他国のものと違った、イギリス独自のゴシック様式と呼ばれる聖堂建築のデザインが発展し、120年足らずで「チューダー様式」が確立しました。

住宅デザインの特徴

ゴシック建築は教会や城郭に多く使われた建築です。住宅では漆喰やレンガの外壁に、ハーフティンバーと呼ばれる柱や梁、筋交いなどの構造材を見せたデザインが特徴で、日本では和風住宅の真壁構造に似ています。レンガや漆喰と構造材が半々の割合で見えることから「ハーフティンバー」と呼ばれるようになりました。フランスやドイツでは直線で構成されたハーフティンバーでしたが、イギリスでは斜線や曲線を多く取り入れた独創的なデザインが特徴です。

住宅の素材とカラーコーディネート

住宅外壁は赤レンガが主流ですが、石灰を混ぜた白レンガや黒レンガもあります。白をベースにこげ茶のハーフティンバーが引き立ちます。柱や梁だけでなく筋交いや曲線、菱形の柄をつくったタイプのボーダーが入ることで、独特なデザインになります。また、レンガ煙突は高価なことから贅沢の象徴とされ、窓ガラスはダイヤモンド柄や家紋をあしらったステンドグラスの装飾も扱われました。

エクステリアデザインとカラーコーディネート

馬目地のレンガタイルの塀や門柱と、装飾性の高い青銅色や黒いロートアイアンの門扉が、英国の伝統的な重厚感とクラシックなイメージに合うデザインです。2階の白い漆喰ベースにこげ茶のハーフティンバーと、1階のレンガタイルの住宅外観によく合います。門灯やポール照明のフレームカラーは、ダークグリーンにすることでワンポイントになります。

ヤマボウシ株立

「チューダー様式」に合う植栽

雑木の庭で使われるような高木と、四季を感じる草花で構成します。シラカシやソヨゴ、ヤマボウシ、エゴノキ、ヒメシャラなどの常緑、落葉樹を取り混ぜた高木。キンモクセイやヒイラギモクセイ、ツバキなどの中木と英国ならではのコニファー類も少し入れています。アベリア、ユキヤナギ、レンギョウ、セイヨウイワナンテンなどの落葉低木を中心に、地被類や草花で自然なイメージに。草花類はスノーポール、サルビア、マリーゴールド、ペチュニア。ハーブはローズマリー、ラベンダーなどがおすすめです。

ペチュニア

住宅+エクステリアデザインのカラーコーディネート

南入り・クローズスタイルのデザイン例です。馬目地レンガタイルで落ち着きのある重厚感を出しました。

❶ 塀と住宅をバランスよく見せる

住宅外壁と同様の馬目地レンガタイルの門柱と塀は、白い笠木と巾木の横ボーダー、駐車場床版もタイル貼りで、重厚感とエクステリアの統一感を演出しました。

❷ テラスにもなる駐車スペース

玄関右側の駐車スペースと主庭の境界は生垣にし、主庭に視線が抜けないように、高木常緑樹をアイストップツリーにしました。

また、出庫時の駐車スペースでは、テラスのようにタイル貼りを施し、グランピングなどができるよう、スタッキングのファニチャーを並べてアウトドアが楽しめるようにしました。

❸ ウッドデッキはできるだけ広くする

ウッドデッキが狭いと、食事やホームパーティーなどの用途に役立たなくなります。特に主庭が狭い場合はできるだけ広く取り、多用途に役立つようにします。

❹ 勝手口前もウッドデッキで

勝手口の階段付きのポーチは狭く、ゴミ置きなどの作業がしにくいものです。予算があれば、段差のないウッドデッキを主庭からつなげることで、ゴミ置き場や洗濯物の物干し場などが便利に使えるようになります。

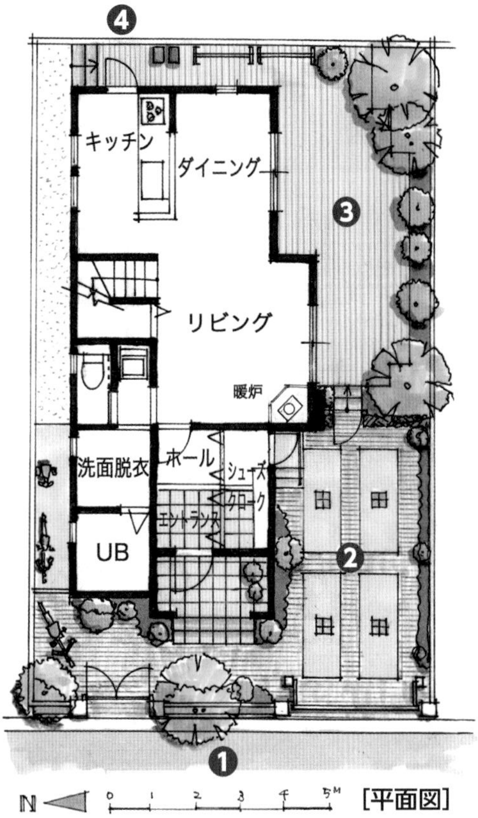

[平面図]
ファサード回りは
緑で落ち着きを演出

[駐車スペースパース]
出庫時はアウトドアを
楽しむ

[外観パース]
レンガタイルと白で
全体を統一

6 アーリーアメリカン［北米風］

1600年代にアメリカの初期開拓者が建築した単純な形態の住宅から始まり、17〜18世紀の植民地時代や1776年の独立当初頃に流行した建築のデザイン様式で、コロニアルスタイルの総称といわれています。

住宅デザインの特徴

屋根は切妻、外壁はラップサイディングといわれる長い板を鎧戸《よろいど》のように、規則正しく横張りにしたものが主流です。開口部にはケーシングと呼ばれる木製の枠をつけたものもあります。直線的ですっきりしたデザインが特徴です。

住宅の素材とカラーコーディネート

切妻屋根は平らなコロニアル葺きで、黒、グレー、濃い茶、緑など、さまざまな色があります。外壁のラップサイディングも同様で、サッシとともに白基調で、すっきりとしたものもあれば、外壁を濃い色にし、破風や窓枠、玄関ドアを白にしてクリアに強調したものも清潔感があり、きれいにまとまります。また、白い外壁にドアやケーシングなどを紺や深緑、こげ茶色などのアクセントカラーにした配色例もあります。

コブシ株立

ミツバツツジ

アベリア（花）

アベリア（樹形）

エクステリアデザインとカラーコーディネート

住宅のサッシや手すりと、エクステリアの低いフェンスや門扉を白で統一すると、全体のバランスがとれます。特に門扉とフェンスを同様のデザインにして、スタンドタイプの赤いアメリカンポストを設置すると、アクセントカラーで引き立ちます。爽やかさを感じさせるセミオープンなイメージが、アーリーアメリカンらしいデザインになるでしょう。

「アーリーアメリカン様式」に合う植栽

風を感じるような落葉樹を主とした高中木と、草花類で野生的なイメージにしてみましょう。高木はカツラ、シャラノキ、エゴノキ、コブシなど。中木はムクゲ、キンモクセイ、低木はミツバツツジ、アベリア、ユキヤナギなどが素朴なイメージでおすすめです。

駐車スペースはメンテナンスが容易な多肉植物を植え、芝生スペースを設けて雰囲気を出しましょう。

住宅+エクステリアデザインのカラーコーディネート

北入り・セミクローズスタイルのデザイン例です。白で統一した住宅外壁とサッシ、門扉、フェンスで清潔感を出しました。フェンスが低いことでセミオープンなエクステリアです。

❶ 飾り雨戸やケーシングをアクセントに

住宅の屋根は黒、外壁や破風、サッシ、玄関ドア、エクステリアの塀、門扉は白で統一しました。飾り窓やケーシングはペパーミントグリーンのアクセントカラーで爽やかさを演出しています。

❷ エクステリアは縦ライン強調で変化を

住宅のラップサイディングの横ラインに対して、エクステリアの白いフェンスと門扉は縦ラインで強調し、門扉とフェンスは同様のデザインで統一しました。低めのフェンスにすることで重心が下がり、安定したイメージになります。

[エントランスパース] くつろぎのスペース

❸ 玄関脇はくつろぎスペースに

玄関脇スペースは明るいアイボリーのレンガタイルにすることで、広いイメージにしました。ガーデンファニチャーを置いて、主婦たちの井戸端会議や、夏の涼しいくつろぎの場として多用途に役立つスペースです。玄関前は生け垣や中木を植えて、道路の歩行者の視線が玄関前を直接見ることができないようにしました。

❹ 駐車場まわりは緑豊かに

門まわりの左脇は車の入出庫の邪魔にならないため、植栽スペースを広くとれます。植栽スペースはフェンス手前から高木、低木を配植。その手前は芝生にして、敷地が狭くてもゆったりしたファサードイメージをつくり、街並みの景観に配慮しました。

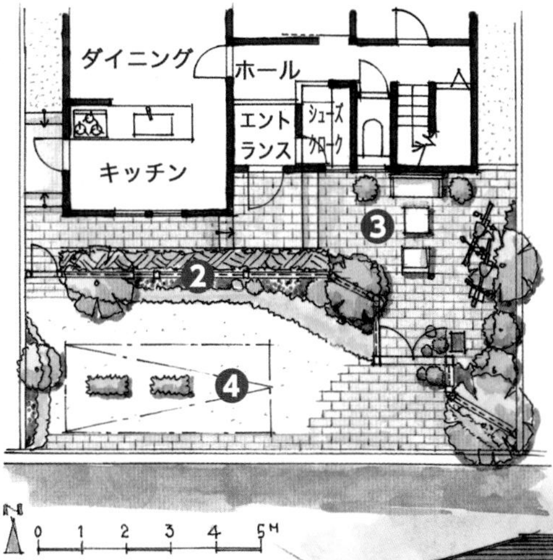

[平面図]
芝生部分をつくり
アーリーアメリカンらしさを

[外観パース]
白ベースに
ペパーミントグリーンの
アクセントでクリアな
印象を

7 プレーリー［米国風］

プレーリー様式は、20世紀初めに、アメリカの有名な建築家フランク・ロイド・ライトによって確立されました。プレーリーとは北アメリカ大陸のミシシッピ川流域を中心に、カナダ南部からアメリカのテキサス州にまで広がる大草原です。この大草原に似合う建築デザインであることから「プレーリー様式」といわれています。

住宅デザインの特徴

庇や屋根の低い水平ラインを強調したデザインが特徴です。レンガタイルを挟むように、壁の上下に白い石材のボーダーを入れ、勾配が低い寄棟屋根で破風や鼻隠しを水平にして、横ラインを強調しています。この水平ラインが低いことで重心が地面に近く安定し、大草原に根づいた住宅に相応しいデザインになっています。

また、壁の位置を調整して、部屋の広さを自在に変えられるのも大きな特徴です。建築家ライトは日本文化の格子や桂離宮などの日本の建築の影響を強く受けたようです。

住宅の素材とカラーコーディネート

水平に連装窓やゆるい勾配の寄棟屋根で、和風をイメージさせるデザインです。現在の素材では、馬目地レンガタイルの外壁と白い御影石、もしくはプレキャストコンクリートの笠木や基礎の立ち上がりを横ボーダー状に配置して、まとまりのある落ち着いたカラーコーディネートにできます。

ライト設計のロビー邸（1909年）はプレーリー様式の集大成といわれ、横ボーダーはベッドフォード石灰岩を使用しています。このロビー邸は後の1921年、旧帝国ホテルのデザインにつながっていきます。

フランク・ロイド・ライト設計の「ロビー邸」　プレーリー様式の集大成

シンプルでシンボリックなプランター

レンガタイルと白ボーダーで構成されたエントランス

エクステリアデザインとカラーコーディネート

塀はマットなレンガ色のタイルで縦目地が極めて細い馬目地にし、横目地を強調させます。笠木や基礎の立ち上がりはモルタル金ゴテやプレキャストコンクリートで、予算があれば白御影石のバーナー仕上げで、横ラインを白っぽく目立たせます。門柱も塀と同様の仕上げですが、塀よりも高くした柱頭部は塀の笠木よりも少し厚めにし、品格が出るように。また、ちりをとるなどして門まわりをシンボリックに。門扉は黒または青銅色の幾何学的な矩形モチーフで格調高いデザインにします。

「プレーリー様式」に合う植栽

地面は芝生と大ぶりな高木の構成で、草原イメージにします。門まわりなどに整形の刈り込みの低木を配植し、整然とした落ち着きのある雰囲気を演出します。

高木はケヤキ株立、ヤマモモ、ハナミズキ、コブシ、ハクモクレンなど。中木はサザンカ、キンモクセイ。低木はオオムラサキ・ヒラドツツジ、サツキ、ジンチョウゲ、ヘデラ類。花のなかでも球根はクロッカスやスイセン、ムスカリ。一年草は、パンジー、ビオラ、インパチェンス、サルビアなどがプレーリー様式になじみそうです。

高木 ケヤキ株立

中木 サザンカ

ヒラドツツジ（樹形）

ヒラドツツジ（花）

住宅+エクステリアデザインのカラーコーディネート

西入り、北、西側道路の角地・クローズスタイルのデザイン例です。

❶ ボーダーラインが引き立つデザイン

門柱や塀は住宅デザインと同じレンガボーダータイル、笠木と基礎の立ち上がりはコンクリートで、横ボーダーが引き立つようにしました。エクステリアと住宅は同じデザインで統一します。

❷ 芝生を敷いて安定した住宅外観に

道路に接する北側部分は、道路際から後退したところに住宅外壁を設け、縁石と外壁の間は芝生を敷いて基礎や塀の立ち上がりが見えるようにしました。芝生部分には、住宅のポツ窓同士の間に、等間隔でサツキの丸い刈り込みを植えて、整然としたきれいな景観にしています。

❸ 門まわりは門柱と花鉢でシンメトリーに

門柱の頭部にはシンメトリーにツル植物の鉢物を置いて、門まわりをシンボリックにしました。また、門扉は幾何学的な模様の黒アイアン素材で、高級感を演出しています。

❹ 駐車スペースはレンガタイルに

軽自動車と普通自動車が駐車できる直角2台駐車スペースはレンガタイルのゲートにして、全体の統一感を出しました。床版もコンクリート洗い出しとレンガタイルの帯にすることで、車の入庫がしやすく、見栄えがよくなります。

❺ ウェルカムベンチもすてきに見える演出を

玄関前のウェルカムベンチの床版は、長いじゅうたんのような明るいタイル帯をセンターに配置して、奥行きを感じる演出をしています。

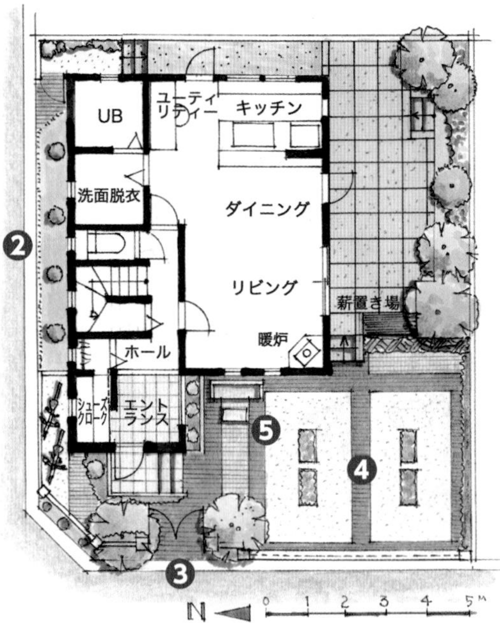

[平面図]
玄関前のウェルカムベンチはシンボリックに

[外観パース]
住宅・エクステリアともにレンガ色のタイルをベースに白い横ボーダーで統一。レンガタイルも縦は眠り目地で横ラインを強調

Illustration & Perspective Collection

イラストやパースで見るエクステリア&ガーデンデザイン

さまざまな目的で描いたイラスト&パースをいくつかご紹介します。視線の高さがEye level・アイレベル（人が立って見た目の高さ）のものはライフシーンをイメージして、Bird's eye（高い目線・鳥瞰）のものは計画の説明用に適しています。すべて透明水彩絵の具の筆塗りで描きました。

広告用ファサードパース

専門学校のパンフレットに使用されたアイレベルパースです。

エクステリアは塀や門扉、ガーデンはツルバラアーチや2階バルコニーの植物で表現。道路際は植栽を描いて景観への配慮や、地球に優しいハイブリッドのエコカーを表現しました。

アウトドアリビング

分譲住宅のリビングと中間領域と言われるアウトドアリビングを表現したパースです。

インテリアとエクステリアのつながりが分かるように開口部のサッシと壁は取り外しました。

月見イメージイラスト

建築雑誌に掲載する、季節の行事をテーマにした記事にイラストをつけたいとの依頼で描いたもの。夜景ですが少し明るめに描き、人や小物が分かるようにします。蚊取り線香の煙はガッシュのホワイトを塗り、白い色鉛筆でタッチアップします。

等々力不動尊 ミニ渓谷

　東京都世田谷区にある神社の境内脇にある傾斜地に流れをつくる計画です。

　施主プレゼン用に制作しました。サルスベリと水の流れの表現に力を入れています。地面の草や左上の土の通路の表現は、ベースを絵の具で塗り、その上から鉛筆でタッチアップしました。

プレゼンシート　表紙イラスト

　オーナープレゼン用の計画図面の表紙に使ったイラストです。水のハレーションは色を載せずに白抜きで表現します。

分譲住宅
ファサードガーデン
説明用イラスト

　1 m^2 のガーデン付きファサードです。

　このガーデンのテーマは、左から、「食べられる植物」「葉の色が多彩」「四季の草花の色を楽しむ」です。ペンスケッチに透明水彩絵の具で着彩しました。植物知識がないので特徴をとらえるのが難しく苦労しました。

ハーブ＆エディブルガーデン

ローメンテナンスで色を楽しむ

草花を楽しむ

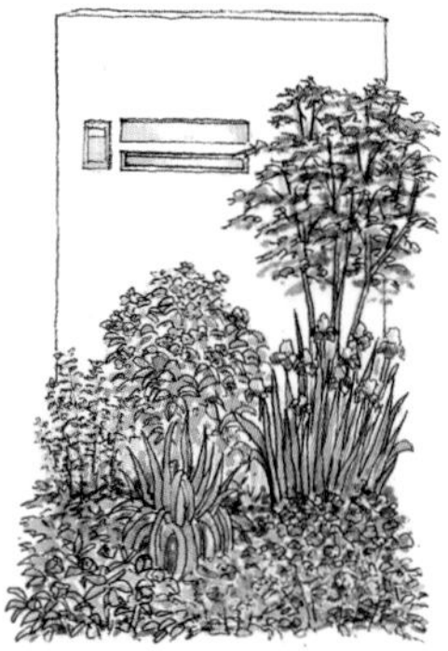

Section 10

プレゼンシートのレイアウト

クライアントの気持ちをつかむには

クライアントに初めて会った時の打合せは、ヒアリングが最も重要です。クライアントの要望は専門的でない断片的な話になるので、よく聞いた後に、要望を満たすデザインをした場合の良し悪しを明確に分かりやすく伝える必要があります。まとまった考えのないクライアントの場合は、優柔不断で決まらないケースもあります。

そこでまず、雑談が重要なポイントになります。直接リフォームに関係のない会話は、一見面倒に感じますが、クライアントの趣味や特技などが分かれば、デザインや配色の好みが分かってきます。そして何より、クライアントと仲良くなることで信頼を得られるのです。

1. クライアントの要望を、しっかりとヒアリングする

雑談する⇒クライアントの好みを知る⇒クライアントと仲良くなり、信頼を得ることができる。

2. 抽象的な要望をくみ取り、
少しだけでもクライアントのカラーを取り入れる

クライアントも参加したカラーコーディネートを提案する。

3. 「なぜ、このカラーにしたのか」を説明できるか! が大切!!

せっかく苦労して配色を考えても、説明できなくてはいけません。「ただなんとなく無難で飽きが来ないから…」では、説得力がありませんよね。ここまでに、理論的に説明がつくプレゼンができるだけの、基本的な色彩の知識を身に付けてきました。(「**Section2** 基本的な配色」「**Section3** 7つのカラーコーディネート」参照)

ここでは初期のプレゼンテーションを行うに当たり、知っておきたい4つのポイントをあげます。

1 イメージを伝える

クライアントが図面だけでデザインの内容を理解することは、設計業務関連の仕事をしている方でない限り難しいものです。そこで、イメージ写真やパースなどのビジュアル素材をシートに入れ込むことで、クライアントにデザインイメージを記憶させることができます。

図面 ＋ 言葉 ＝ 1

図面 ＋ パース ＝ 3

図面 ＋ パース ＋ 言葉 ＝ 6

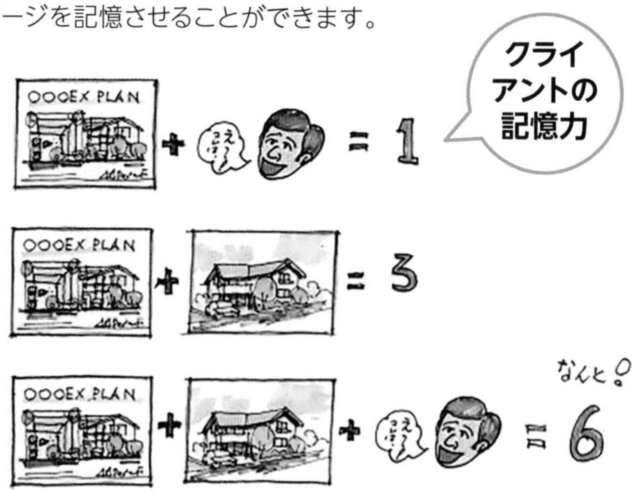

2 レイアウトを工夫して分かりやすく見せる

よく、プレゼン資料のレイアウトに悩みませんか?

一般にはクライアントの視線は左から右に移動するといわれています。

もうひとつは、「大きな画像から小さな画像に視線が移動する」ことが重要です。

これを踏まえて、図面やパース画像の大きさを調整すれば、クライアントの視線を誘導することができます。

また、ヘッダー、フッターを入れて、プレゼンシート全体の統一感をつくることも大切です。

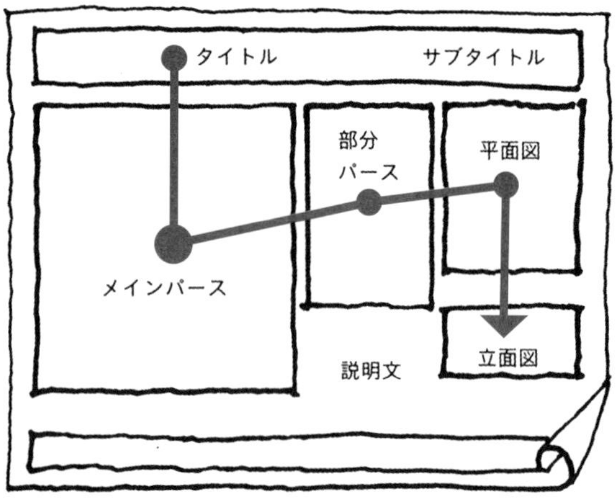

人は大きい画像から小さい画像に視線を移していく

それでは、視線やビジュアル効果を意識しながら、さまざまなプレゼンシート例を見てみましょう。※レイアウトの詳細はP97～P98で解説します。

1
一般タイプ

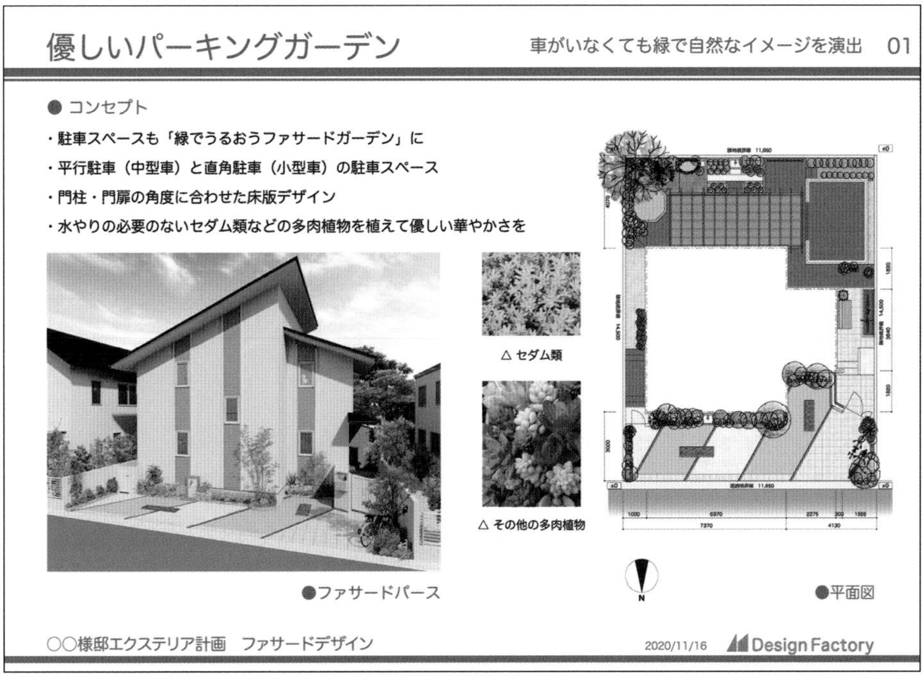

前ページのように左から右へと視線が移動するレイアウト。左の大きなパース画像から植物の写真、右の平面図へと移動してからコンセプトを読む。

2
比較タイプ

クライアントが左右の画像を眺めながら、どちらかを選択する。
キープランを入れ、パースの視点方向が分かるように図示すると分かりやすい。

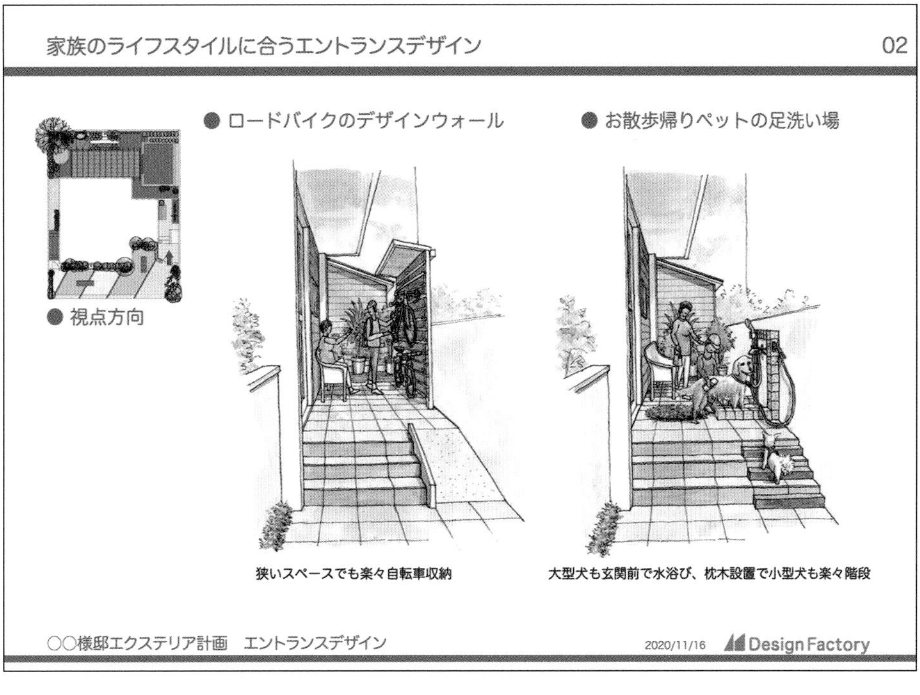

3

起承転結タイプ

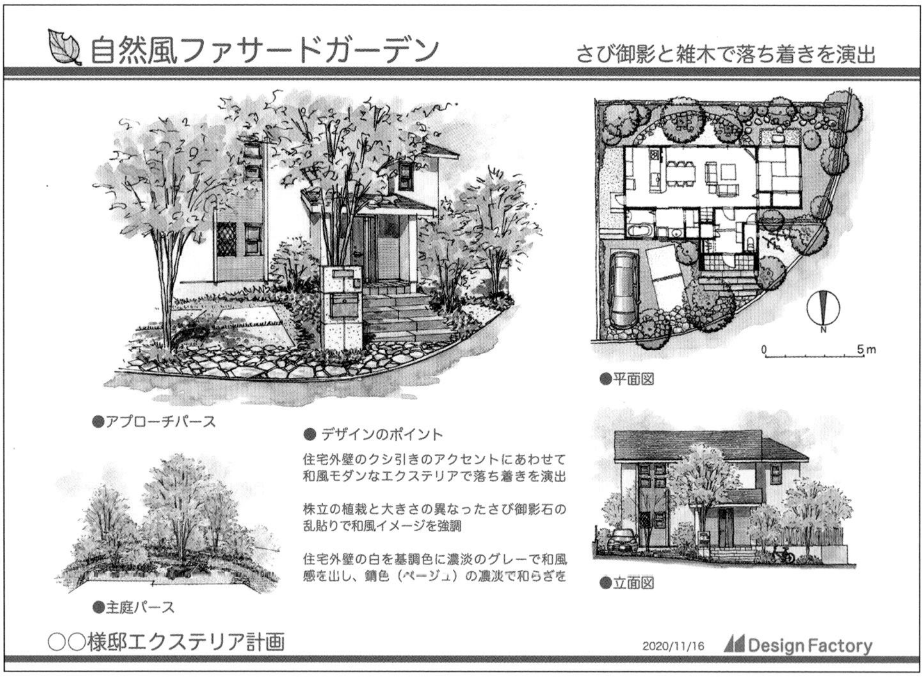

タイトル⇒サブタイトル⇒パース⇒図面⇒説明文の順に視線移動する。
タイトルにアイコンがあるとクライアントがイメージしやすい。
テーマの自然風に合わせて、文字や帯をナチュラルカラーの黄緑色にする。

4

多彩タイプ

パース、図面を眺めてから、いろいろな機能門柱やプランターのデザインが検討できる。
テーマのガーデンに合わせて、文字や帯をエレガントなエンジ色で、書体を丸ゴシックにする。

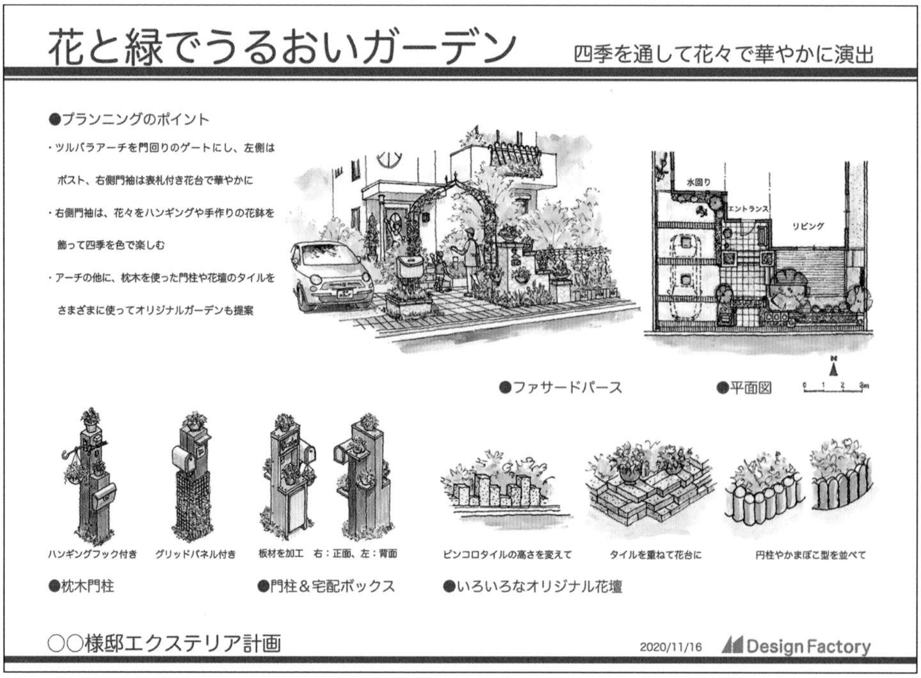

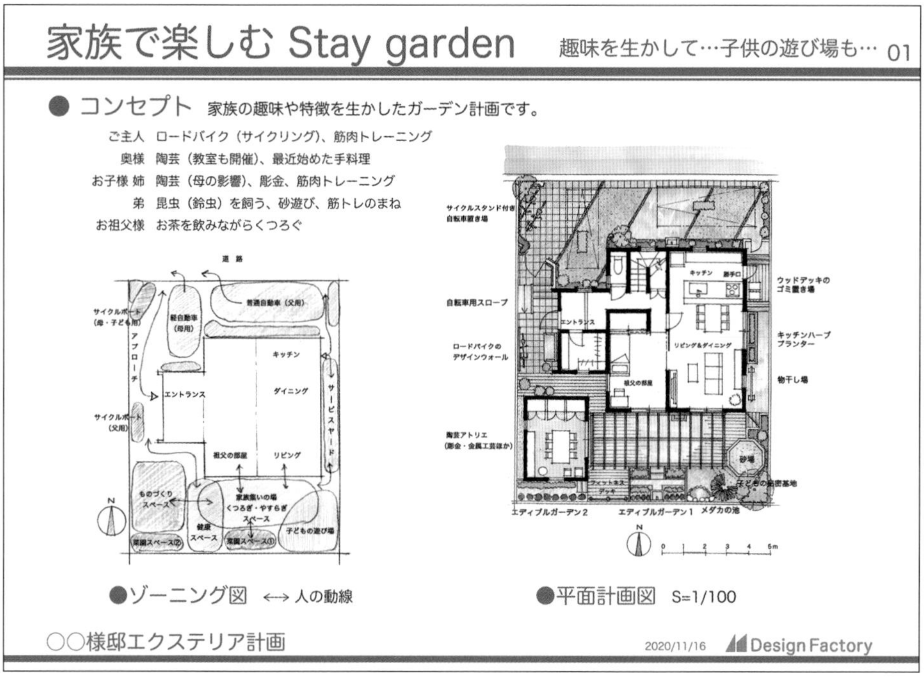

ゾーニング図や平面図で、
デザインや機能などの説明をしてから次ページへ。
テーマの「家族で楽しむ」をイメージして、
文字は丸ゴシックで柔らかい雰囲気にする。

5

相乗効果タイプ［2枚組］

パースを眺めながら、
メインガーデンのデザイン内容を理解します。

I

伝統的英国風
ファサードガーデン

○○様邸エクステリア計画　2020/11/16　Design Factory

6
個性タイプ［2枚組］

表紙を眺めてから次ページへ
表紙からデザインを想像し次ページを期待する。
これも相乗効果の一つです。
テーマの「伝統的英国風」から、誠実なかちっとした明朝体で
クラシックなイメージの茶系色にしました。

前ページで抽象的だったイメージが、
図面とパースで具体的に理解できます。

II

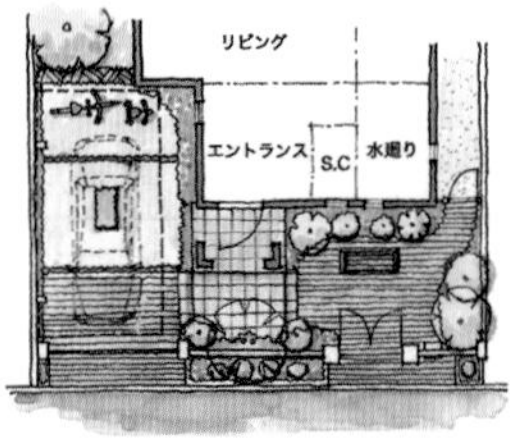

● 平面図

- 左側に駐車場、右側にアプローチで動線が重ならない扱いやすいプラン
- 道路側、アプローチ共に「線でうるおい」を演出

● ファサードパース

- 英国風の重厚感で落ち着きのあるデザイン
- 茶色系の馬目地タイルをベースに、明るいベージュのゲートのコントラストで統一感を

○○様邸エクステリア計画　2020/11/16　Design Factory

3 レイアウトの構成と特徴

プレゼンシート作成に当たり、図面、イラスト、パースなどの素材の活かし方しだいで、クライアントへのデザインの伝わり方が大きく変わります。ここでは、それぞれの特徴をあげました。

プレゼンシート例は（ ）内のページを参照してください。

一般タイプ（P93）

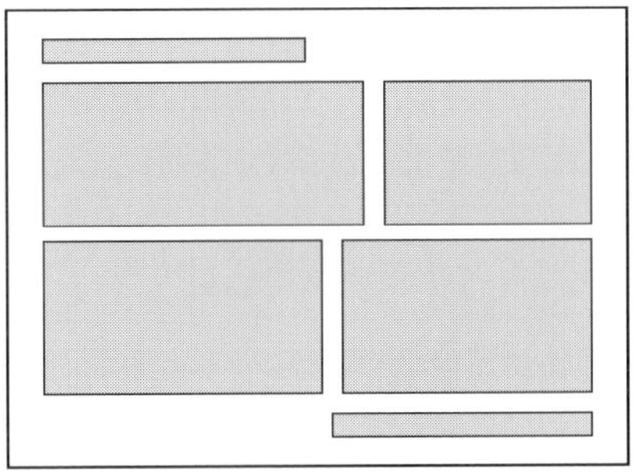

左から右方向に視線が流れる一般的なレイアウトです。伝えたい提案内容を明確に伝える場合に効果があり、誠実さを感じる手法です。

左右対称タイプ

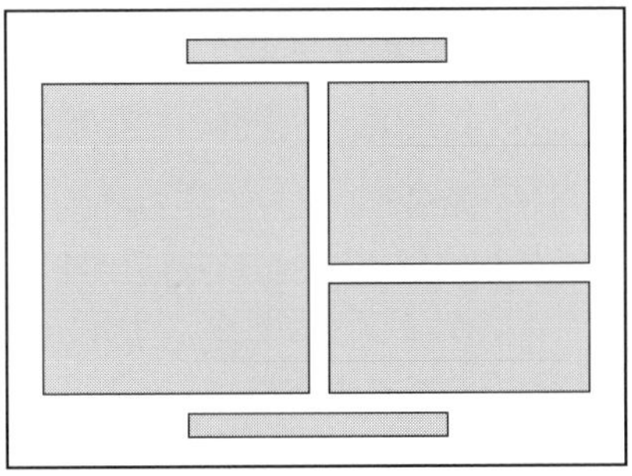

左右対称できれいに見えるレイアウトです。まとまっているように感じられても、素材の色や面積などに配慮しないと、左右のバランスが崩れてしまうことがあるため、注意が必要です。

多彩タイプ（P94）

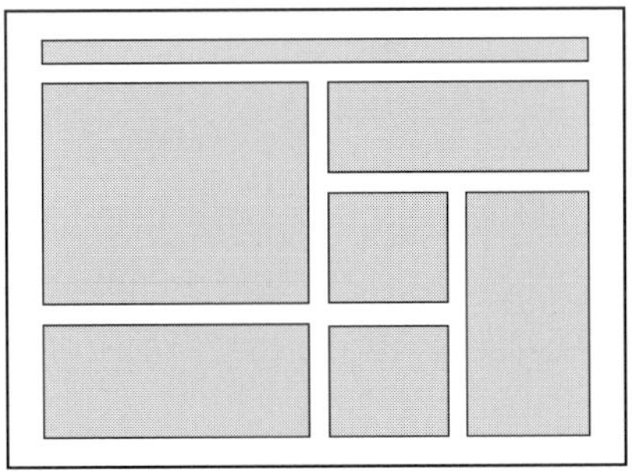

伝えたい内容がたくさん盛り込まれており、クライアントに親切なプレゼンと思われがちですが、素材が多く、全体がバラバラになりやすい傾向があるので、じょうずにまとめましょう。

個性タイプ（P96）

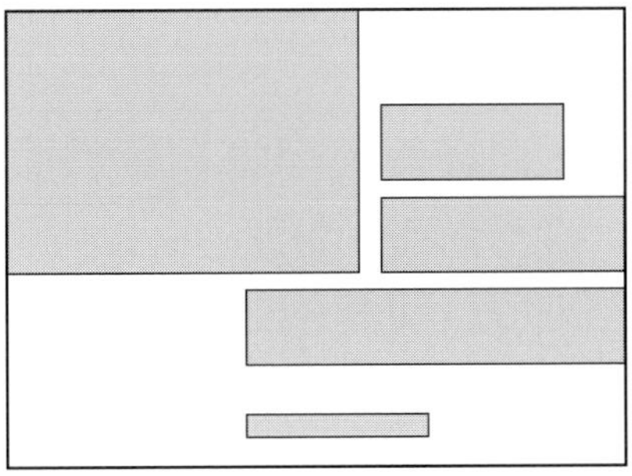

イメージ写真や図面、パースなどの画像をシートの端までいっぱいに使うなど、変化に富んでいます。旅行パンフレットやポスターのようなレイアウトです。

インパクトのあるレイアウト

プレゼンシートのレイアウトが理解できたところで、次は「いかに注目を浴びるプレゼンシートにするか？」が課題になります。クライアントに設計意図が伝わりやすく、見やすい魅力的なレイアウトを解説します。

起承転結タイプ（P94）

メインの図面やパースなどを並べた、設計意図が一番伝わりやすい方法です。例えば、左側はパースやイメージ写真でデザインを感じ取り、右側は図面や説明文で設計意図を理解してもらうレイアウトです。

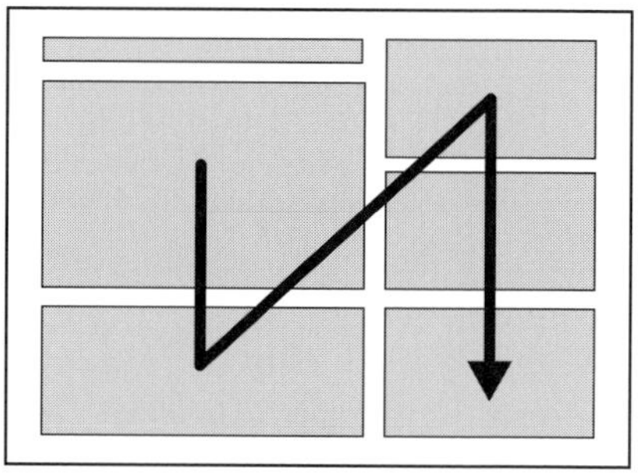

相乗効果タイプ（P95）

相乗効果とは、複数の要素を合わせることによって、より高い効果を生むことをいいます。例えば、左側にゾーニング図や図面と設計意図、右側にパースや説明文を並べます。プレゼンテーターは、クライアントに左側で設計意図を伝え、右側で詳細な説明をします。1枚目に設計意図、2枚目にパースやイラストを使う方法もあります。

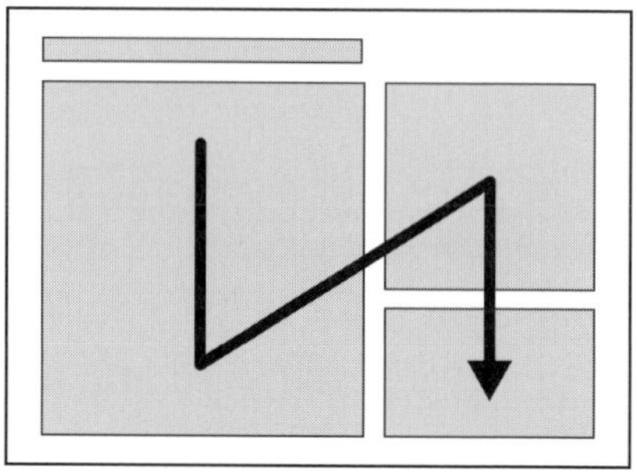

比較タイプ（P93）

左側と右側に素材を並列にすることで、左右のどちらかを選択させる方法です。例えば、街並み街区のストリートや、個人邸の部分の比較案などで効果を発揮します。

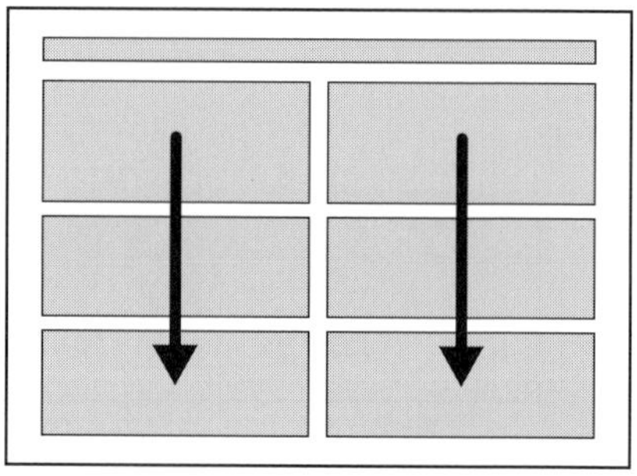

個性タイプ（P96）

全くフォーマットにこだわらない自由なレイアウトで、クライアントの興味を引きます。例えば、大きな写真でデザインをイメージし、その隣にパースや図面を並べ、説明文を添えるなどのレイアウトがあります。

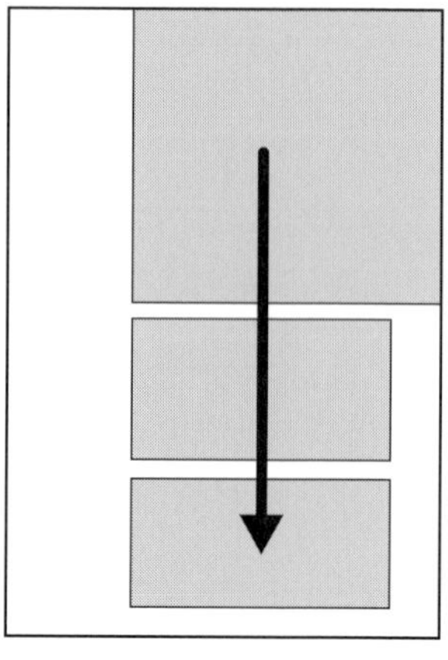

4 読みやすい文章で表現する

デザインコンセプトや説明文は、表現したいことをたくさん並べてしまいがちですが、残念ながら、クライアントが内容をしっかり全部読むとは限りません。

文章は簡潔に表現し、平面図は施工図面をそのまま使用せず、できるだけ寸法記入を除き、縮尺、方位を提示します。ノンスケールの場合はスケール棒を添えましょう。

また、図面、パースなどにキャプションを入れます。敷地の前面道路や、できれば隣地の建物配置、電信柱などの周辺環境を入れておくと、クライアントにとって親切なプレゼンになります。

文字表現の考え方

プレゼンシートはテーマから始まって説明文まで、さまざまな文字や文章が入っています。この文字表現の方法を解説します。

1) メインテーマ（タイトル）とサブタイトル

最初にクライアントが一目でデザインをイメージできるよう、「メインテーマ」となるタイトルを付けます。また、それに付随した「サブタイトル」がデザイン提案に興味をそそるキャッチコピーになります。テーマ（タイトル）は10文字程度、サブタイトルは簡潔に20文字以内におさえましょう。

2) イメージを具体化する説明文

テーマ、サブタイトルの次は、具体的な設計内容の流れをつくるための説明文が必要です。コンセプトや図面の説明内容で、新聞では小見出しに当たります。だらだらと長い文章にしないで、30文字程度にしましょう。長い場合は、箇条書きで簡潔にまとめます。

テーマ	サブタイトル	小見出し
日蔭の庭	石と緑で落ち着きを演出	陰湿になりがちな日蔭の庭は、 白色系統の石敷きで明るく清潔感を出す。
鳥を呼ぶ庭	窓辺でできるバードウォッチング	噴水を兼ねたバードバスやエサ台を設けて 野鳥を呼ぶとともに庭の添景として楽しむ。
地中海風の庭	パティオの庭で気分は南欧	壁に囲まれた中庭のイメー ジ。 高塀は、小窓と照明・トレリスなどで演出。

3) 文字の書体と色

文字の書体はいろいろありますが、書体の特徴をとらえ、デザイン内容に合わせて使い分けたり、デザインイメージに合った色にしたりすることで効果を発揮します。

書体の特徴

文字の書体は、和文、英文ともに大きく「明朝体」と「ゴシック体」に分かれます。

書体	長所	短所
明朝体	繊細なイメージ、誠実さ	固いイメージ、頑固さ
ゴシック体	文字が太く見やすい	プロジェクターで丸と角の違いが分かりにくい

クライアントの職業やデザインイメージに合わせて使い分けることが大切です。

また、書体を多く使いすぎると品格やまとまりがなくなるため、経験の浅い方は2種類以内におさえた方がよいでしょう。

文字と色

一般に、文字の色はテーマ(タイトル)やキャプションなどをカラーに、説明文をモノトーンにすることで見やすく、まとまりがよくなります。

また、デザイン内容に合わせた色使いをすると、デザインイメージや内容の統一感が生まれます。

下記の表は、デザインイメージの目安をイメージキーワードとして分類し、カラーイメージに合わせて文字の色をあげました。参考にしてください。

イメージキーワード	カラーイメージ	文字の色
ナチュラル	自然素材を活かした 柔和な	黄緑、深緑
カジュアル	明るく楽しい 軽快な	橙、赤、青、黄、緑の 鮮やかな色
エレガント	穏やかで優しい フェミニンな	エンジ、赤茶
クラシック	伝統的で落ち着いた 重厚な	こげ茶、エンジ、 モスグリーン
シック・モダン	無機質で洗練された 都会的な	黒、濃いグレー
クリア	清潔感のある 爽やかですっきりした	濃紺、クールな緑

鳥を呼ぶ庭

庭のエピソード

鳥が来やすいお庭とは・・・

朝の小鳥の「ちゅんちゅん」という鳴き声で爽快に目覚め、森林浴を楽しみながら、おいしい空気を吸い込むなど、樹木の緑や鳥の鳴き声はヒーリング効果を感じますね。実のなる木や草を植えて、季節の鳥が来る環境をつくると、少しずつ鳥が寄って来るようになります。冬場のウメや一重咲きのツバキは、花の蜜を目当てにメジロが飛んできます。

鳥は赤い色を識別できるため、赤い実のなる樹木に鳥たちが集まるのです。例えば、6月はジューンベリー、秋になれば紅葉もするヤマボウシやマユミ、斑入りの葉のグミなど、いろいろな樹木があります。また、巣箱や水場をつくることも、鳥たちにとって嬉しい環境です。

鳥は警戒心があるため、すぐには寄ってきません。気長に待ちましょう。

エサ台の脚部

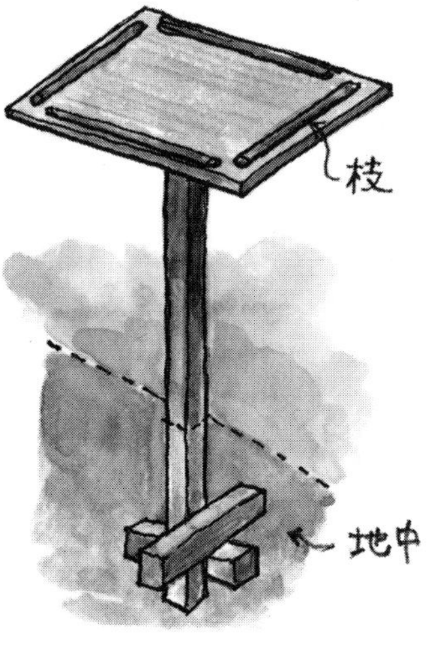

ヒマワリの種をついばむシジュウカラの夫婦

鳥のエサ台もつくってみよう！

冬場はエサを見つけにくい自然環境になるため、エサ台を設置して鳥を寄せます。

シジュウカラは、ヒマワリの種や殻付きピーナッツが大好物。殻の両端を切っておくと鳥が食べやすくなります。メジロやウグイス、ヒヨドリはカキやリンゴ、ミカンを切って置いておくと寄ってきます。

エサ台は下図のように、20×30cm程度の板材の四方に、適度な長さの木の枝を接着剤で張りつけてつくります。それを支柱に少し斜めに取りつけて、足元を土に埋めれば出来上がりです。斜めに取りつけるのはエサ台に水がたまらないようにするためです。土に埋まる部分は、あらかじめ支柱の直角方向に十字にした角材を互い違いにクギで打ち付けておくと、地面に安定して立てられます。

ところで、私が経験した面白い話があります。朝のワンコのお散歩のときに、自宅近所のお庭でエサ台を見かけたのですが、それ以外に、エサの入ったお皿を置いた鳥カゴを見つけました。そこに住む奥さんに聞いてみたら、「鳥カゴのエサは小鳥用なのよ。大きな鳥がエサ台のエサを食べてしまうと小鳥が食べるエサがなくなってしまうから！」と言っていました。なるほど！ 小鳥思いの優しい奥さんですネ。

Stay home
家族で楽しむ「趣味のガーデンデザイン」

ここ数年（2020年）、自宅でアウトドアライフを楽しむ家族が増えています。そこで、自宅のファサードで楽しめる趣味のガーデンデザインを提案しました。

家族のイメージは次のとおり。父の休日は、ロードバイクでサイクリングをしています。長男と金属細工にはまっています。母の平日は近所の主婦を招いて陶芸教室、休日は長女と花瓶や湯飲み茶わんなどをつくっています。

長男は金属細工以外にも昆虫好きでスズムシを育てています。次男は小学校に入ってからミニバスを始めました。「シュートがもっと上手になりたい！」と思っています。それではデザインを見てみましょう。

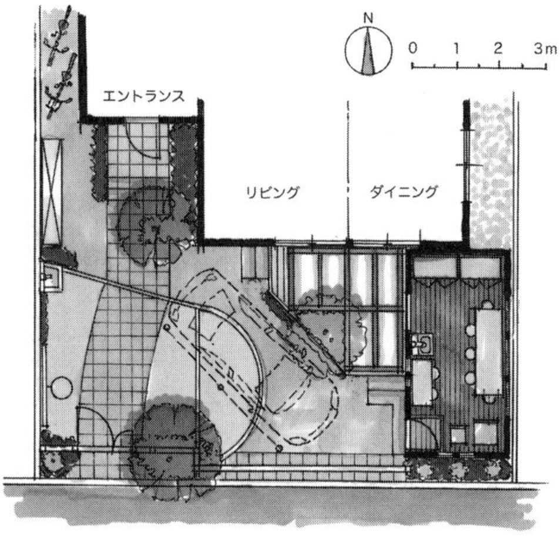

壁掛けのスポーツ自転車置き場

玄関の脇にサイクルポートを設置しました。お父さんのロードバイクは、スノコ状の板壁をつくって、フック付きのゴムバンドでロードバイクの2か所を固定します。ロードバイクが映えるように、板壁の色を考えて塗りましょう。スポーツ自転車を飾ったステキなデザインウォールが出来上がります。（P93比較タイプの提案参照）

庭のエピソード

アプローチはミニバスのシュート練習場

　次男のミニバスのシュート練習場をつくり、舗装はモザイクタイルでラインを入れたミニバスコートで、おしゃれに見えるようにしました。駐車していないときはロングシュートの練習もできます。お隣にボールが飛んでいかないように、ゴール周辺は板を横張りにしたバックネットを取り付けました。車にも当たらないように、取り外し可能なネットの柵もつけられます。

ウッドデッキのくつろぎタイムは、スズムシの鳴き声で

　アトリエの隣にあるシェード付きのウッドデッキは、家族や陶芸教室の受講者が、食事やお茶などの休憩ができるスペースになり便利です。駐車していないときでもツル植物のウォールガーデンで、前面道路の歩行者の視線も気になりません。夏場は暑い日差しをカット、秋の夜長はスズムシの鳴き声で心が癒されます。

家族みんなで楽しめるワーキングスペース

　ウッドデッキの東側には4.5m×2.25m程度の片流れ屋根のアトリエをつくり、ワーキングスペースにしました。陶芸や金属細工ができるアトリエです。七宝焼や陶芸用の窯、小型電動ろくろの置き場、粘土や材料を置く収納スペース、つくった陶器を乾かす棚、みんなで作業する大きな机などを配置しました。

趣味のワーキングスペースにコンテナハウスを

　増築は延床面積が$10m^2$未満であれば確認申請は必要ありませんが、コンテナハウスというものをご存知ですか？

　コンテナハウスとは、船舶や鉄道などで物資輸送に使われる直方体の鉄製のコンテナを、窓やドアをつけて建築物にしたものです。建築物なので建蔽率や容積率の法的規制があり、固定資産税もかかります。海上用コンテナ（ＩＳＯ規格）は法をクリアするのが困難なので、日本国内で販売されているＪＩＳ規格の建築用に製造されたコンテナで、建築確認申請して建てることができます。

　建築物として使えるようにするためには、土地、輸送費、工事費、改装費が必要です。輸送費は輸送距離によりますが、20フィートで6万〜18万円、40フィートで８〜30万円程度がかかります。コンテナのサイズは、20フィートはW=6.058m、D=2.438m、H=2.591mで約4.5坪。40フィートでW=12.192m、D=2.438m、H=2.591mで約９坪などがあります。水まわり、窓やエアコンなどの工事で15〜50万円程度を含め、土地があった場合に単純に計算をすると、20フィートで80万円、40フィートで100万円程度でしょう。作業場として使うには、この他にテーブルやイスなどの家具、作業内容により道具費用が必要です。居住するには、この他に内装や外装、断熱材などの改装費、トイレ、風呂、ベッドなど、居住用途に応じて費用が必要になってきますが、数百万単位で建てることは可能です。気になる耐用年数ですが、メンテナンスの具合にもよりますが、約40年程度でしょう。

　住まいにするには高価な買い物ですが、倉庫や仕事場としては手の届く範囲ではないでしょうか？

ロックガーデン

ロックガーデンとは

ロックガーデンとは、大きめの岩や石、荒い砂利などを配置した隙間に植栽した庭のスタイルの一つです。

ロックガーデンの起源はヨーロッパの高山植物園やアメリカのドライガーデンです。例えば、イギリスでは19世紀後半から庭園様式としてロックガーデンが流行しました。これはアルプス山脈の自然を模倣し、高山植物を配置したものが多かったようです。

どんな石をそろえたらよいか？

石は山や川原の石を拾ってきても構いませんが、機能性を考慮すると溶岩石、軽石がおすすめ。次いで、ゴロタ、割栗石などもあります。溶岩石や軽石は多孔質といって、たくさんの小さな穴が空いているので吸水性が高く、植物を乾燥から守ります。また、地上に石が並んでいることで、直射日光をカットし地中に熱がこもらないことから、植物の根を守ることもできます。

石の組み方（並べ方）は、単調でないゴツゴツした石を選び、大きさも不揃いなものをバランスよく組むことがポイントです。石が多いとシンプルなイメージ、植物が多いとナチュラルなイメージになります。

どんな植物と合わせるか

ロックガーデンは岩や石の隙間に土を入れ込み、植物を植え込みます。その隙間が植木鉢の代わりになるので、雨や水やりで土が流れていかないように、上手に「植栽ポケット」をつくることが重要です。

また、ロックガーデンは岩を見せることが大事です。植物で岩が隠れないように、生長の遅いものや、水はけがよいところでも育つ、乾燥を好む植物を選ぶとよいでしょう。

例えば、石や岩影でも育つ半日陰植物や、耐寒性や乾燥に強い高山系の植物、日当たりの良いところは日向を好む植物があげられます。水やりをあまり必要としないサボテンや多肉植物は人気上昇中ですし、山野草やシダ類はナチュラルなイメージにできます。

植物の植え方にもポイントがあります。高いところに多肉植物など乾燥を好む植物、低いところに湿った環境を好む山野草やシダ類、匍匐性（茎が地面に沿って伸びる性質）の植物、中間に草花や球根植物を配置しましょう。このように土の保湿具合に合った植物を選んで植えるのが大切です。

色の好みで分かる!? 色の性格診断

人には誰しも「好きな色」があります。私が小学3年生だったころ、母親の誕生日に青いハンカチをプレゼントしようとしたら、兄に「青は男の色！ 女はピンクがいい！」といわれ、泣いたことを思いだします。今ではランドセルの色は多彩で、好きな色を選べます。青は男の子、赤は女の子なんてことはありませんよね。

ところで、赤、橙、黄、緑、青、紫、黒の7色の中から、インスピレーションで「好きな色」を選んでみてください。見つけにくい人はP17色相環を参照して選んでみましょう。

赤 外交的な人が好む色。人生を充分に生きることを望み、心に決めている。攻撃的で衝動的な面もある。

橙 この色を好む人は少ない。人柄がよく、社交的で快活。情熱に欠けるところがあるため、結婚しないか、晩婚型の人が多い。

黄 知性が高く、コツコツと自己充足を求める探求家。計画を立てることは上手だが実行型ではない。

緑 外向型と内向型の中間で、一貫性、忍耐、思慮分別があり、品行方正。いつも仕事をしていることを好み、結果的に神経の緊張に悩まされたりする。自分をリラックスさせるのが難しい。

青 静かで穏やかな人生を好む。緊張、勤勉、保守的で、それによって成功し、立派な生活水準を築く。優れた判断力と常識には恵まれているが、知的とはいえない。

紫 芸術家や神秘主義、哲学が好きな人。あるいは特別な才能を持っていると見せかけようとする人。興味の範囲は広いが、自分の信じる道以外には、あまり時間や労力をかけない。

黒 白や灰色と同じで故意に選ばれる色。洗練された人間になろうと考える人、自分の性格を隠そうとする人に選ばれる。

この色彩診断は「色彩診断と色彩療法」などの著書があるF.Birren（米国、1900〜1988）が、オランダの心理学者B.J.Kouwerの研究をもとに、色彩研究所50周年記念講演会で講話した資料によるものです。いかがだったでしょうか？ みなさんの性格は当たっていましたか？

ちなみに私は「橙色」を選びました。全く当たっています。が、この本にかける情熱はすごかったですよ！（笑）また、かつての私の絵のお師匠はナント「黄色」でした。性格そのもの、間違いなし！

この色の性格診断で、クライアントの気持ちがつかめるかもしれませんね！

あとがき

読者の皆さま！「住宅+エクステリア&ガーデンの色とデザイン」の世界は、いかがだったでしょうか？

カラーコーディネートの世界はセンスが必要とよくいわれますが、何気ない色との出会いによって、意外と分かってくることがあり、だんだんと面白くなってくるものです。

ですから外出するときは、必ず街並みや周辺の景色を眺めながら歩きましょう。景色は「いろのけい」と書きますから、さまざまな色を発見できると思います。色の苦手な方でも、少しずつ色に慣れていけば、成果は必ず訪れます。継続は力なり！ あきらめずに楽しみましょう！

この本書の内容の元は、エクステリア&ガーデンメーカーのタカショーで、カラーコーディネートセミナーを3年間行ったことから、さまざまなデザインとカラーコーディネートテクニックを分かりやすく解説することができました。

また、Gardenstory（ガーデンストーリー）では、エクステリア記事の執筆を3年間続けたことで、さまざまなエクステリア&ガーデンの勉強ができたことも大きなポイントです。

タカショーのカラーコーディネートセミナーのテキスト制作では、私が自由にやりたいことをさせていただいた、高岡伸夫社長をはじめ、エクステリア関連業者やハウスメーカーの方々にも大変お世話になり、ありがとうございました。

最後に、本書の制作に関わっていただいた方々、仕事仲間のブックデザインやレイアウトをしてくださった篠原孝治さん、グリーン情報編集部の加藤優花さんにも大変お世話になり感謝いたします。

2022年 5月　松下 高弘

参考文献（あいうえお順）

「エクステリア&ガーデンマイスターテキストブック・基礎編」
発行：株式会社タカショー、 監修：松下高弘（2018年 改訂版）
日本カラーデザイン研究所編 「カラーイメージ辞典」 講談社、監修：小林重順（1983年）
日本カラーデザイン研究所編 「配色イメージワーク」 講談社、著者：小林重順（1995年）
樹木・草花検索CD-ROM「庭木画廊」
内田清市、須長一繁、藤枝惇、安田浩司、松下高弘（1999年）

資料提供者（ページ順）

P.7	ou2株式会社	パース
P.21、47、89上	株式会社ユニマットリック	パース、イラスト
P.29	東急建設株式会社	パース
P.30	株式会社三井ホームデザイン研究所	イラスト
P.32〜33	株式会社パルグリーン	「はちおうじこまち」山本康生
P.35〜36	日軽情報システム株式会社	CADパース
P.38	旭化成ホームズ株式会社	写真（フイリヤブラン、ヒューケラ、ツワブキ、マホニアコンフーサ、センリョウ）
P.52、53	株式会社タカショー	エバーアートボード・パース
P.55〜62、93、95	オーセブン株式会社	研修テキスト、CADパース
P.63、91、94上	株式会社HIRAMEKI	パース・図面、デザイン：重松剛
P.64〜P72	グランスケープ有限会社	写真、デザイン：舘林康行、宮崎翔汰
P.73	株式会社エイビーシーハウス	パース
P.74〜87	株式会社グリーン情報	住宅様式とファサードデザイン
P.86、87上	一般社団法人日本エクステリア学会	ロビー邸写真：蒲田哲郎
P.89右下、101上	株式会社草樹舎	パース・イラスト
P.89左下		パース、デザイン：原田祐一
P.90上	三栄造園株式会社・世田谷エクステリアルーム	パース
P.101〜104	Gardenstory	庭のエピソード

松下 高弘
(まつしたたかひろ)

プロフィール

1958年、長野県飯田市生まれ。建築・土木のパース・模型・展示パネル等のプレゼン業務の制作会社に7年間勤務し、みなとみらい21(三菱地所)、都庁(丹下都市建築設計、坂倉建築研究所)、東京オペラシティの国立劇場(清水建設)、世田谷美術館(内井建築設計事務所)のコンペなどに携わる。
1987年、建築企画設計とプレゼンテーションを行うエムデザインファクトリーを設立。郵便局新庁舎やかんぽの宿の郵政事業、汐留、秋葉原等の再開発事業等の官公庁プレゼン業務、大手ハウスメーカーの注文住宅パース、模型製作や東急電鉄(田園都市線沿線)の分譲住宅の企画提案やパース製作を担当。
現在では、大手ハウスメーカーの社員教育研修講師を行う一方、WebマガジンGardenstoryや建築月刊誌・建築知識のイラスト製作、エクステリア&ガーデンの記事執筆で意欲的に活躍中!

略歴

・エムデザインファクトリー主宰
・ガーデンセラピーコーディネーター1級
・元東京デザイン専門学校講師(1987〜1996年)
・E&Gアカデミー講師(1998年〜)
・リックパースコンテスト審査員(2011年〜)
・中央工学校学校関係者評価委員会委員(2016〜2017年)
・オーセブンCADコンテスト特別審査員(2022年〜)

著書

・「エクステリアの色とデザイン」(グリーン情報)
・「住宅エクステリアのパース・スケッチ・プレゼンが上達する本」(彰国社)
・「気持ちをつかむ住宅インテリアパース
　　スケッチ力でプレゼンに差をつける」(彰国社)
・「植木専科 気になる草花　樹木をマルチに検索!!」(グラフィック社・共著)
他多数

住宅+エクステリア&ガーデンの色とデザイン
家と庭をトータルにコーディネート

発行日　2022年5月20日
著　者　松下高弘+エムデザインファクトリー
発行所　株式会社グリーン情報
〒451-0045 名古屋市西区名駅 2-25-10
TEL 052-571-2200　Email info@green-joho.jp
印刷・製本　(株)シナノ・パブリッシングプレス

ISBN978-4-907682-19-4　C3052
